# Johannes F. Boeckel

# Meditations- praxis

## Techniken und Methoden

Orbis Verlag

Zeichnungen: Erika Peleska-Dietl
Redaktion: Wolfgang Bruns

© Mosaik Verlag GmbH, München
Sonderausgabe 1989 Orbis Verlag
für Publizistik GmbH, München
Gesamtherstellung Mohndruck Graphische Betriebe GmbH,
Gütersloh
ISBN 3-572-05541-5

# Inhalt

**7.**

**Die Frage nach der Methode 28**

**8.**

**Die Grundlagen der Meditation 57**

# 1.
# Ein Kapitel über Freiheit –
# auch als Vorwort
# für dieses Buch zu lesen

Meditation kommt oft in recht exotischem Gewand zu uns, in skurriler und manchmal sektiererischer Verpakkung, die befremdet und uns den Zugang verwehrt. Ich möchte Sie informieren über alte und neue Methoden, ohne daß Sie gleich Ihren Glauben wechseln müssen.

Die Lektüre des Buches soll Sie in die Lage setzen, selbst meditieren zu können. Dabei sollen Sie ohne ein japanisches oder Sanskritwörterbuch verstehen, wovon die Rede ist. Das rein »Technische« an der Meditation bleibt Ihnen kein Geheimnis. Ich gehe von der Voraussetzung aus, daß alle Methoden sich zurückführen lassen auf einfache Grundlagen der Meditation.

Es gibt die Meditation nach Regeln, und es gibt Meditation ohne Regeln, eine Meditation, die sich spontan einstellt. Ich möchte Ihnen beide Möglichkeiten zeigen. Die Meditation nach Regeln hilft uns, die vergessene Fähigkeit in uns zu wecken, so daß wir dann auch ohne Regeln im Übungsfeld des Alltags meditieren können.

Sie sollen als Leser Ihren eigenen Weg finden können. Die vorgeschlagenen Übungen sind daher nicht als ein Programm gedacht, das Sie hintereinander absolvieren müssen, sondern als eine Vielzahl von Möglichkeiten, aus denen auszuwählen ist, was Ihnen zusagt. Das Buch holt Sie ab bei den Dingen, die Sie schon kennen, und zeigt Ihnen dann Modelle, nach denen Sie Ihre eigene Art der Meditation finden.

Lesen Sie darum diesen Teil wie ein Kochbuch. Orientieren Sie sich, was man machen kann, und versuchen Sie einmal ein Rezept. Manches davon haben Sie schon selbst probiert. Jeder von uns kennt z. B. den Integrationswert der Arbeit, vor allem einfacher Tätigkeiten, die auch den Körper fordern. Sie haben nur nicht wahrgenommen, daß hier ein Weg der Meditation ist. Merken Sie sich die Formel: *Integrationswert = Meditationswert*. Arbeit ist eine Möglichkeit, zurück zu sich selbst zu finden und wieder mit sich einig zu sein. Die tägliche Mithilfe im Haushalt bekommt so ihre besondere Bedeutung. Man kann auch beim Abwaschen meditieren!

Meditation soll Ihnen zu größerer Freiheit verhelfen. Es war und ist darum nicht meine Absicht, Ihnen nur eine Meditationsrichtung zu bieten oder Ihnen mein System aufzuzwingen. Sie erfahren, was man machen kann. Alles, was Ihnen das Buch darstellt, ist allerdings von mir selbst geübt und ausprobiert worden. Was ich nicht persönlich kenne, biete ich Ihnen auch nicht an. Sie können also mit der Erfahrung rechnen, die hinter dem Buch steht.

Das Buch hat auch insofern mit Freiheit zu tun, als es Sie unabhängig machen möchte von einem Meister. Wenn Sie einen guten Meister finden können, nehmen Sie die Gelegenheit wahr. Aber seien Sie vorsichtig: Laufen Sie nicht jedem nach! *Roshi Nagaya* pflegte zu sagen: »Wer sich ein Meister nennt, der ist es nicht – und wer es ist, der sagt es nicht!« Er selbst nannte sich nie »Meister«, sondern sagte nur: »Ich habe ein wenig geübt.« Einen guten Meister zu finden, der wirklich auf Sie eingeht und Ihnen hilft, Ihren eigenen Weg zu finden, der nicht nur »Schüler« will, die ein Abklatsch von ihm sind – das ist ein Glücksfall. Doch meistens sind wir auf uns selbst gestellt. Von dieser Situation geht das Buch aus, das so abgefaßt ist, daß Sie auch ohne Lehrer üben können.

Auch wenn oder gerade weil die äußere Freiheit bei uns allen begrenzt ist, soll Meditation Ihnen zu größerer innerer Freiheit verhelfen. Benutzen Sie darum Meditation nicht wie eine Droge, die man dreimal am Tag nehmen muß. Das wäre wieder eine Abhängigkeit, in die Sie sich begeben. So wichtig es ist, aus dem Meditieren eine Gewohnheit zu machen, so wichtig ist es auch, nicht davon abhängig zu sein. Gelegenheiten gibt es genug, sich das zu beweisen, z. B. wenn Sie auf Reisen sind oder wenn aus einem anderen Grund Ihr Tageslauf einmal durcheinander kommt. Unter Umständen wäre es nicht verkehrt, nach längerer Zeit täglichen Übens einen Tag in der Woche einmal nicht zu meditieren, um so die innere Freiheit zu gewährleisten.

Meditation ist nicht eine Sonntagsbeschäftigung, obwohl sie mit Ruhe und Entspannung zu tun hat, sondern der Alltag ist unser Übungsfeld, und das Leben ist unser Lehrmeister. Hier bin ich mit *Krishnamurti* einig, der sagt: »Jeder Konflikt, jeder Ärger, jede Lust, jede Freude, jede Angst ist ein Wegweiser in die Freiheit.« Die schönen und bitteren Erfahrungen, die jeder von uns macht, dienen als Wegweiser und zeigen den Weg, den wir in jedem Fall selbst gehen müssen.

Vergessen Sie nie, daß Meditation eine Übung für das Leben ist und daß Sie dem Leben zuliebe meditieren!

# 2.
# Die Zeitsituation:
# Unser persönliches
# Menschsein kommt zu kurz

Wir befinden uns in krisenhaften Zeiten, die uns der Fortschritt beschert hat. Sie sind eine direkte Folge der rasenden Entwicklung von Technik und Wissenschaft. Für uns drücken sie sich aus in einem Unbehagen: Unser persönliches Menschsein kommt zu kurz. Denn es scheint heutzutage kaum mehr möglich, sich dem Rollenzwang in der Gesellschaft zu entziehen. Wir spielen jeweils eine andere Rolle: am Arbeitsplatz, in der Familie, in der Freizeit und unter Freunden. Arbeitswelt und private Sphäre sind unvermittelt krasse Gegensätze geworden, und die Rollen, die der Mensch in beiden Bereichen zu spielen hat, decken sich nicht. Das ist schlimm. Schlimmer ist noch, daß wir uns in keiner dieser Rollen mehr recht finden und zu uns selbst kommen.

Wo ist noch Raum für Unmittelbarkeit? Die Freizeit ist genauso vorprogrammiert wie die Arbeitswelt. Keineswegs gilt mehr von der Freizeit: »Hier bin ich Mensch, hier darf ich's sein . . .«, so wie es noch im Osterspaziergang in Goethes Faust hieß. Ursprüngliches Erleben wird immer seltener, statt dessen leben wir aus zweiter Hand. Es wird uns durch Zeitung, Radio und Fernsehen ins Haus geliefert, was wir zu fühlen und zu denken haben. Das Reise- und Ferienprogramm enthebt uns selbst für die Zeit des Urlaubs eigener Initiative.

Wer kann sich noch eigene Gefühle leisten? Wir haben uns so weit vom Leben entfernt, daß man die Frage nach der Transzendenz, die einst die Gemüter erhitzte, heute andersherum stellen könnte: Gibt es ein Leben – vor dem Tode?

Von daher sind Zeiterscheinungen wie die Hippiebewegung mit ihren Nachfahren und die Drogenszene als Protest, aber auch als Ausdruck der Sehnsucht nach intensivem Leben zu verstehen. Man bricht aus – aus dem Zwang. Interessant ist, daß unter der heutigen Jugend Gestalten wiederkehren, wie sie uns seit dem Mittelalter nicht mehr begegnet sind: der Morgenlandfahrer, ob nun als Pilger oder als fahrender Vagant.

Was zieht sie in den nahen und fernen Osten? Was suchen sie, wenn sie in einem Kibbuz arbeiten oder in einem Ashram in Indien meditieren? Ist es das, was Hermann Hesse in seinem Gedicht »Stufen« meinte, wenn er sagt: »Wohlan denn, Herz, nimm Abschied und gesunde . . .«? Meditation hat offenbar mit Jugend zu tun. Nicht nur, daß junge Menschen danach fragen: Es geht dabei um Jungsein im Sinne von Lebendigsein, es geht um Wandlung und um Neugeburt.

Das wachsende Interesse an der Meditation läßt sich nicht übersehen. Das zeigen die Publikationen auf diesem Gebiet, die keiner mehr übersehen kann. Man spricht direkt von einem »Meditationsboom«. Doch darf man nicht übersehen, daß es einen solchen »Boom« schon einmal in den zwanziger Jahren gegeben hat, wenn auch in bescheidenerem Ausmaß; und wenn man genauer nachforscht, wird sich herausstellen, daß die Nachfrage nach Meditation oder allgemeiner nach Hilfe zu einem geistig geordneten Leben immer in Zeiten des

Umbruchs intensiver wird, wenn die Normen nicht mehr gelten, nach denen man sich bisher gerichtet hat. Daß die alten Meditationspraktiken wieder gefragt sind, scheint mir darum mehr als nur ein modischer Trend zu sein: Es ist eine ganz natürliche Reaktion auf die Zeitsituation, die wir eingangs gekennzeichnet haben.

Die Meditationswelle ereignet sich gerade heute, da wir keine Leitbilder mehr haben, die wir noch selbstverständlich übernehmen könnten. Vielleicht liegt hier der tiefste Grund allen Unbehagens, daß uns das gültige Menschenbild fehlt, nach dem man leben kann. Darum haben wir auch eine Krise eigentlich auf allen Gebieten. Greifen wir nur zwei Bereiche heraus: In der Sexualität zeigt es sich, daß die neue Freizügigkeit außerstande ist, etwas Verbindliches und Gültiges, eine Norm zu geben. Eine Abgrenzung gegenüber Sadismus und Gewalt, wie sie in Deutschland versucht wird, erscheint schon darum aussichtslos, solange nicht auf anderen Gebieten einschließlich Politik auf sie verzichtet wird. In der Religion stellt sie sich als eine Krise der Frömmigkeit dar. Wir leiden auch hier an einem Mißverhältnis von Schein und Sein. Auch neue Formen kirchlicher Veranstaltungen können nicht darüber hinwegtäuschen, daß das tägliche Leben sich damit nicht deckt.

Wir müssen neu nach dem Sinn fragen. Eine Wissenschaft, die auf die Sinn- und Zielfrage verzichtet, bedeutet eine tödliche Bedrohung für die Welt. Das wissen wir spätestens seit der Atombombe. Wir sollten darum geistige Hilfe annehmen, wo sie sich bietet. Es könnte sein, daß das Angebot aus dem Osten uns unsere eigenen Reichtümer wieder aufschließt, so daß wir wieder an Schätze herankommen, die uns zwar gehören, die aber nicht mehr verfügbar sind, weil wir den Schlüssel verloren haben.

# 3.
# Was ist Meditation?

Mit keinem Wort gibt es so viele Sprach- und Verständigungsschwierigkeiten wie mit dem Worte *Meditation*, werden doch damit sehr verschiedene Dinge bezeichnet. Es kann Nachdenken über einen religiösen Text bedeuten oder spezieller die Vorstufe bei der Predigtarbeit, es können Übungen zur Gewissenserforschung gemeint sein, z. B. die Exerzitien bei Ignatius von Loyola, oder auch das Sitzen in äußerster Gelassenheit und Versenkung wie etwa das Za-Zen beim Zen-Buddhismus. Die Sprachschwierigkeit wird dadurch nicht aufgehoben, daß man vorschlägt, die östlichen Meditationswege mit *Versenkung* zu etikettieren, oder daß man für westliche Meditationsweisen eine neue Wortbildung *Innerung* wagt. (So Friso Melzer, angeregt durch Jos. Wittig, in seiner »Anleitung zur Meditation«. Jedoch findet sich der Begriff bereits bei Carl Gustav Carus, dem Freunde Goethes, der unter »Innerung« das dumpfe Wahrnehmen von Vergangenem und Zukünftigem verstand, worauf Klaus Thomas hinweist.) Hinzu kommt, daß *Meditation* ein Modewort geworden ist, dessen Gebrauch überhandnimmt. Jeder anspruchsvollere Lichtbildervortrag oder Zeitungsartikel wird heute *Meditation* genannt, gelegentlich auch ein Musikstück; wobei

15

diejenigen, die das Wort gebrauchen, sich selten die Mühe machen, genauer zu definieren, was sie meinen. Das Wort scheint eine schwer übersehbare Fülle von Möglichkeiten anzudeuten.

Auch nach seiner Herkunft ist das aus dem Lateinischen kommende Fremdwort *Meditation* mehrdeutig. Das zugrunde liegende Verb *meditari* heißt *nachsinnen*, aber auch *exerziermäßig üben*, was Hingabe und Einsatz verlangt. Die indogermanische Wurzel *med-* bedeutet ursprünglich *wandern, abschreiten, messen*, wodurch unser Wort auch verwandt ist mit Wörtern wie *Maß* und *Muße*, aber auch mit *medicus* = Arzt, der eigentlich ein *klug ermessender Ratgeber* ist.

Eigentlich ist Meditation all das, was hier eben anklang: Es geht dabei um *Nachsinnen*, bis man den Sinn findet. Das schließt ein den Reifungsprozeß der Persönlichkeit. Der Lebensweg, den man *wandert* mit seinen freud- und leidvollen Erfahrungen macht uns zu *Erfahrenen*, wir nähern uns dem *medicus*. Aber schließlich geht es bei Meditation nicht um die Diagnose, um einen Namen für die Krankheit, sondern um die Therapie: das *Heilwerden*. Meditation führt den Menschen immer zur *Ganzheit*. Das Rezept ist die *Übung*.

In diesem engeren Sinn soll hier Meditation verstanden werden in der zweiten Wortbedeutung als Übung. Damit kommen wir aber in eine andere Schwierigkeit: Wir können über Meditation in diesem Sinn nicht als Außenstehende nachdenken, sondern nur als Mitübende Erfahrungen sammeln. Das vorliegende Buch möchte erprobte Wege zum eigenen Meditieren zeigen, einfache und ursprüngliche Zugänge, es wird aber nur dem etwas nützen, der damit übt. Man lernt ja auch nicht durch das Lesen einer Klavierschule das Klavierspielen, sondern nur durch konsequente Übung.

Aber Übung worin? Ein Anliegen des Buches ist es,

Erfahrungen bewußt zu machen, die jedermann hat, wenn auch unreflektiert und kaum als Meditation erkannt. Denn »*Meditation ist das Menschlichste vom Menschlichen*« (Tilmann). Durch Meditation findet man zu sich selbst, zu seinem eigenen Wesen, kommt »*die menschliche Person erst ganz in ihre eigene Verfügung und Freiheit*« (Lotz). Ohne sie fällt der Mensch auseinander. Es geht also, schlicht gesagt, um Übung im Menschsein. Dabei ist nicht die Meditation das eigentlich Neue, das erfährt jeder Mensch spontan, sondern das Neue ist die geordnete Übung einer solchen Meditation.

Es geht darum, sich selbst zu entdecken, seinen Schwerpunkt zu finden. Es geht um Klärung des eigenen Herzens. Dabei gehört es zum Wesen der Meditation, daß sie aus dem Vielfältigen und aus den uns oft zerreißenden Gegensätzen zur Einheit führt. Meditation ist darum auch einer Wanderung vergleichbar ins unbekannte Land der eigenen Seele. Dieses Buch will dabei als bescheidener Ratgeber und Reiseführer dienen, aber die Reise muß jeder selbst unternehmen. Es sei warnend vorausgeschickt, daß wir uns damit auf ein Abenteuer einlassen, bei dem niemand genau weiß und voraussagen kann, was dabei herauskommt und *wie* wir herauskommen. Wir werden jedenfalls bald mehr über uns wissen und erfahren.

Offenbar gibt es zwei Ebenen des Erkennens: das intellektuelle Erkennen oder die *Logik*, wie wir sie in der Schule lernen, und das intuitive Erkennen oder der *Spürsinn*, der durch Meditation entwickelt wird. Pascal war einer der ersten, der darauf hinwies. Der Verstand kann eindringen, kann sammeln, ordnen und klären, aber der letzte Sinn muß sich uns erschließen, ist nur passiv erfahrbar und wird zu einer unmittelbaren Gewißheit, die sich logisch nicht mehr belegen läßt. »Das

Herz hat seine Gründe, die die Vernunft nicht kennt . . .« (Pascal). Meditation vermittelt unmittelbare Erkenntnis, ist *Besinnung*, die zur *Sinnfindung* wird.

Meditation ist darum auch nicht machbar und nicht zu steuern, sie muß sich einstellen wie die Liebe oder der Schlaf. Aber jeder Mensch kann lieben und kann schlafen. Jeder Mensch kann auch meditieren. Darum ist Meditation auch wieder etwas ganz Einfaches.

# 4.
# Die Zwangspause als Selbsthilfe

Wenn wir von Meditation sprechen, müssen wir auch davon sprechen, was sie hindert und unmöglich macht. Bei Meditation geht es um Menschsein. Alles, was die Meditation hindert, ist zugleich ein Hindernis, Mensch zu sein. Hierzu gehört das Leistungsdenken zum Beispiel. Es ist schwer, sich dem Leistungsdruck in unserer Gesellschaft zu entziehen. Es gibt Schüler, die sich gegen den Leistungsdruck in der Schule dergestalt wehren, daß sie mit einer Leistungsverweigerung antworten. Wenn wir älter geworden sind, können wir uns das meistens nicht mehr leisten. Aber dann reagieren wir vielleicht mit einem gelegentlichen Nervenzusammenbruch oder mit Kreislaufschwierigkeiten, vielleicht auch nur mit einer simplen Grippe. Wir leisten uns eben eine Krankheit, irgend etwas, was uns einmal zwingt zur Pause. Das ist sozusagen eine Selbsthilfe, meistens unbewußt geschehen, und ob es nun eine kleine Grippe oder der Blutdruck oder die Nerven sind: Mit dieser Krankheit haben wir auch die Chance der Meditation.

Setzen wir also einmal voraus, wir sind drei Tage im Bett und damit herausgenommen aus dem gewöhnlichen Verlauf des Tages und auch abgeschnitten von den üblichen Kommunikationsmitteln. Es kann sein, wenn wir so im Bett liegen – und ohne Radio, Fernsehen oder Telefon neben unserem Bett, also auch davon einmal Pause –, daß wir zum Nachdenken kommen.

Wir denken nach über das berufliche Leben, über das, was diesen kleinen gesundheitlichen Zusammenbruch verursacht hat, und daß wir eigentlich nicht ständig unter Druck und Zwang leben können. Aber nicht nur dies. Wir werden gewahr, daß wir ständig in einem Spannungszustand sind, auch in der Freizeit. Ständig zerrt jemand an uns, stürmt etwas auf uns ein. Zum Abschalten und Entspannen zwingt uns nun diese Krankheit.

Es mag auch sein, daß uns ganz andere Dinge einfallen, wenn wir krank im Bett liegen. Es könnte sein, daß da Erlebnisse hochkommen, die uns beunruhigen wie eine Mappe *Unerledigtes* auf dem Schreibtisch, Sachen, die lange zurückliegen. Wir müßten eigentlich längst darüber hinweg sein, aber: Wir sind damit noch nicht fertig geworden. Zum Beispiel mit Erlebnissen aus der Kindheit, die uns noch als Erwachsene zu schaffen machen.

Es könnte sein, daß diese Zwangspause im Bett uns wieder nach einem Buch greifen läßt. Dazu sind wir schon lange nicht mehr gekommen, und wir merken bei der Gelegenheit überhaupt erst, wie ausgehungert wir nach geistiger Kost sind. Sonst war das Überfliegen von Schlagzeilen und das Abhören von Nachrichten alles, was wir aufgenommen haben. Zu viel mehr reichte die Zeit nicht.

Was aber, wenn wir nicht imstande sind zu lesen? Schauen wir halt hinaus aus dem Fenster! Da sehen wir das Nachbarhaus, einen Giebel, vielleicht noch den Wipfel eines Baumes und Himmel. Es kann sein, daß dabei auch etwas in Gang kommt. Der Giebel des Nachbarhauses erinnert uns an ein liebes altes Haus, in dem wir früher einmal gewohnt haben, vielleicht das Haus der Kindheit. Da fällt uns eine ganze Menge aus jenen Tagen ein. Oder der Baum: Wir sehen uns als Junge oder Mädchen in Bäumen klettern, voll Abenteuerlust. Und der Himmel erinnert uns daran, wie wir gelegen haben und in den Himmel schauten und wie wir vielleicht mit Fernweh oder Sehnsucht den ziehenden Wolken nachblickten. All das, was da hochkommen kann, wenn wir einmal drei Tage zwangsweise im Bett liegen, ist bereits Meditation.

# 5.
# Meditationserfahrungen
# hat jeder von uns

Ich möchte Ihnen gerne zunächst klarmachen, daß Meditation nicht irgend etwas Fremdes oder gar Exotisches ist, obwohl sie heute oft in einer solchen Verpackung angeboten wird, sondern etwas, das wir alle kennen und das wir alle irgendwann einmal erfahren haben. Wenn wir zurückdenken, finden wir Meditation bei uns selber. Wir brauchen sie gar nicht woanders suchen.

Jedes Kind kann meditieren. Beobachten Sie einmal ein Kind, wie es ein Märchen hört. Merkwürdig: Es will gar nicht jedesmal eine neue Geschichte, sondern immer die gleiche, und es freut sich schon im voraus auf bestimmte Stellen, die darin vorkommen. Und wehe, wenn Sie ihm das Märchen nicht mit genau den gleichen Worten erzählen wie das letzte Mal! Wenn das Märchen von Rotkäppchen und dem Wolf dann zu Ende erzählt ist, sagt es vielleicht mit einem Seufzer: »Armer Wolf!« Was geht da eigentlich vor? Das Kind meditiert dieses Märchen.

Oder Sie schauen mit ihm ein Bilderbuch an. Später werden Sie beobachten, daß das Kind sich das Bilderbuch nimmt und bei jedem Bild dann Ihren Kommentar wiederholt. Jedes Bild wird betrachtet und dabei irgendein Wort gesagt, das dazu gehört.

Oder ein Kind steht am Fenster. Es ist sonst springlebendig, aber es kann manchmal eine Viertelstunde lang oder noch länger am Fenster stehen und hinausschauen. Es gibt eigentlich gar nichts Besonderes zu sehen: ein herbstlicher Platz. Blätter fallen. Vielleicht gehen ein paar Fußgänger vorbei, ein Auto fährt an. Das Kind steht und schaut.

Oder es kommt Besuch – jemand, den das Kind nicht kennt –, und das Kind soll dem Besuch die Hand geben. Aber es tut es nicht. Es bleibt in sicherer Entfernung stehen und betrachtet den Fremden: Was ist das für einer? Kann man sich dem anvertrauen? Der Besuch wird meditiert. Irgend etwas ist vorgegangen in dem Kind, wenn es nach einiger Zeit zutraulich wird. Vielleicht läßt es sich aber trotz allen Bittens und Drängens nicht dazu herbei, dem fremden Gast die Hand zu geben.

Das alles sind Vorgänge, die wir Meditation nennen können. Und das hört keineswegs mit der Kindheit auf. Immer wieder erleben wir Meditation. Sie wird nicht gesucht und nicht geübt, sondern stellt sich einfach spontan ein. Es widerfährt uns unter Umständen im Urlaub. Der erste Urlaubstag ist mir immer in guter Erinnerung. Nachher sind wir ja leider auch schon wieder in irgendeinem Trott drin. Aber am ersten Urlaubstag fühlen wir uns noch ganz frei. Wenn wir da auf einer Bank sitzen und einmal richtig tief ausatmen, die Aussicht genießen und auch genießen, einmal ohne Pflichten zu sein: Da kommen wir an das heran, was Meditation ist.

Wir sollten uns unsere Ferienbilder noch einmal anschauen: Wie gelöst war unser Gesicht! Und dann schauen wir einmal in den Spiegel: Warum so gespannt und verkrampft, so müde und abgehetzt? Was ist mit uns los? Vielleicht wußten wir es bisher nicht, aber wenn wir so sitzen und wieder zu uns selbst kommen: Das ist bereits Meditation. Planen wir unseren Urlaub also auch nach diesen Gesichtspunkten.

Im Urlaub sind die Bedingungen für Meditation überhaupt günstiger. Da sind wir aufgeschlossener. Denken wir an den Sonnenuntergang, den wir an der See erlebten, oder wie wir nach mühseliger Kletterei schließlich oben auf dem Gipfel waren und den herrlichen Rundblick genossen. »Ich bin ganz erfüllt davon!« sagten wir vielleicht. Dieses Erlebnis hat noch lange nachgewirkt, und wir können es uns noch heute vergegenwärtigen. Das war Meditation.

Es muß nicht immer der Urlaub sein. Es kann uns passieren, wenn wir verliebt sind. Gerade in solchen Zeiten leben wir irgendwie intensiver. Die Dinge bekommen eine völlig andere Rangordnung. Es dreht sich dann alles um diesen geliebten Menschen, den wir ständig im Kopf haben. Wir meditieren ihn, meditieren im voraus die nächste Begegnung, und der Kuß, den wir beim Abschied empfangen, wird noch lange nachmeditiert, dieses Zeichen der Zärtlichkeit.

Aber nicht nur als Verliebte geraten wir in einen solchen Zustand. Auch Krisensituationen können uns dazu bringen. Auch in einer ausweglosen Lage, wo wir eigentlich am Ende sind, bekommen die Dinge eine andere Rangordnung. Wir haben etwas aufgegeben oder opfern müssen – vielleicht war es der Verlust eines Menschen – und sind aus dieser Erfahrung spürbar anders, reifer herausgekommen.

Meditation bedeutet darum eigentlich nichts Neues für uns, sondern ist etwas Altbekanntes. Wir wußten nur vielleicht nicht, daß man das Meditation nennt. Klemens Tilmann, der auf diese Dinge aufmerksam macht, spricht von *Vorfelderfahrungen* und unerkannten Meditationserfahrungen. Ich unterscheide diese Erfahrungen als »spontane« Meditation von der »geübten« Meditation. Das sind Dinge, die wir kennen. Im Grunde kann jeder Mensch meditieren. Allerdings sind wir in der Gefahr, daß wir das immer mehr verlernen. Das moderne Leben ist so angelegt, daß es Meditation tatsächlich verhindert, indem es uns einfach hindert, zu uns selbst zu kommen. Manchmal ist es nicht ganz leicht, wieder dahin zurückzufinden. Die Zwangspause, wenn sie so verläuft, wie ich sie geschildert habe, kann uns dazu dienen. Da merken wir plötzlich: Es gibt etwas in uns wie einen Brunnen, wo wir wieder in die eigene Tiefe kommen. Und hatten wir bis dahin den Eindruck, daß das ganze innere Leben völlig versandet sei, eine Wüste, wo nichts mehr wächst: Nun fängt es wieder an zu grünen.

Weil es nun keineswegs gesagt ist, daß Meditation immer spontan passiert und sich einstellt, darum gibt es auch die Meditation als Übung. Da können wir eine ganze Menge aus dem Osten lernen.

# 6.
# Was nützt Meditation?

Methodisch läßt sich Meditation beschreiben als ein Vorgang intensiver Betrachtung, der bis zur Identifizierung mit dem Betrachteten führt. Es ist ein Weg, der beim Vielerlei beginnt und im gleichen Maße, wie das Vielfältige ausgeblendet wird, zu immer größerer Einfachheit führt. In der Meditation stellt der Mensch seine zupackende Aktivität zurück, »läßt sich auf etwas ein«, öffnet sich dem Gehalt.

Was nützt das? Nun, auf diesem Wege kommt der Mensch mit sich selbst ins Reine, findet sich oder entdeckt sich selbst wieder neu, denn wo auch immer der Gehalt der Meditation hergenommen wird, Meditation führt einen zu sich selbst, zu dem eigenen Sein und zu der uns umschließenden, umgreifenden Wirklichkeit. Von daher gesehen ist Meditation eine wesentliche Hilfe bei der Gestaltung des eigenen Lebens.

Wer über längere Zeit übt, lernt ohne Wertungen und Vorurteile, mit denen wir sonst immer gleich bei der Hand sind, zu lauschen auf das, was um uns und in uns vorgeht. Er lernt, sich selbst loszulassen, und zugleich lernt er, sich selbst anzunehmen, wie er ist. Meditation führt zu einer besseren Kommunikation mit sich selbst und mit den anderen.

Zugleich ist Meditation eine wesentliche Hilfe bei der Bewältigung des Alltags. Ein Mensch, der meditiert, wird gegenüber hektischer Betriebsamkeit wieder Ruhe, Vertrauen und Gelassenheit erlernen, er gewinnt Durchhaltefähigkeit auch in Streßsituationen und wird Kraftreserven in sich entdecken, von denen er bisher nichts wußte.

Meditation führt aus der Selbstentfremdung zur Selbsterfahrung und läßt uns die eigene vielleicht verschüttete Kreativität entdecken.

'Nicht zuletzt wird sich auf diesem Wege der Horizont weiten. Wir erfahren eine letzte Geborgenheit, die sich als Zuversicht und Gelassenheit auf unser Leben auswirkt.

Daß sich solche Gelassenheit auch auf die Gesundheit auswirkt, ist verständlich. Erwiesen ist, daß die Konzentrationsfähigkeit zunimmt, von der Haltung her auch der Wille stark wird und die Leistungsfähigkeit sich steigert, wie überhaupt ein Reifungsprozeß in Gang kommt, bei dem die ganze Persönlichkeit wächst.

Die Frage nach der Methode, auf welchen Wegen das erreicht werden kann, soll uns im folgenden Teil des Buches beschäftigen.

# 7.
# Die Frage
# nach der Methode

## Der persönliche Weg

Angesichts einer verwirrenden Fülle von Angeboten, aus dem Osten importierten oder im Westen entwickelten, hat der einzelne es schwer, sich zu entscheiden. Die Entscheidung wird ihm auch nicht dadurch leichter gemacht, daß fast alle Methoden mit dem Anspruch auftreten, die beste oder einzig wahre zu sein.

Am bekanntesten geworden ist bei uns das von *Prof. J. H. Schultz* aus Elementen des Yoga und der Hypnose entwickelte *Autogene Training* und von den Methoden des östlichen Meditierens *Yoga, Zen* und die *Transzendentale Meditation.*

Viele Wege führen nach Rom. Wenn ich nach Rom will, kann ich verschiedene Wege gehen – Hauptsache, sie führen nach Rom. Trotzdem, die Wege sind verschieden beschaffen. Nicht jeder Weg ist für jeden geeignet. So kann die Frage nach der Methode objektiv gar nicht beantwortet werden, sondern nur direkt und persönlich: *Welcher Weg ist für mich der beste?*

Die vielen Wege haben ihre Berechtigung, denn die Menschen lassen sich nicht alle über einen Kamm scheren. Wenn Meditation vorwiegend eine Reise ins unbekannte Land der eigenen Seele ist, so muß man sagen, daß die seelische Landkarte bei jedem von uns wieder anders aussieht.

Bei der Frage nach der Methode ist zunächst einmal das Ziel wichtig: Wohin will ich eigentlich? Es kann sich ja auch herausstellen, daß ich gar nicht nach Rom will. Was will ich eigentlich? Will ich nur Entspannung, abschalten können, so genügt für mich in diesem Fall auch Autogenes Training. Wer sich auf Meditation einläßt, sollte zumindest offen sein für alles, was einem auf diesem Wege begegnen kann. Es mag sich herausstellen, daß der Weg mich wesentlich weiter führt, als ich eigentlich vorhatte zu gehen. Nach Erreichung eines Zieles, das ich ins Auge gefaßt hatte, merke ich, daß dies nur eine Station ist auf dem Wege, und es zeigt sich mir ein ferneres Ziel, das ich nun anstrebe.

Ein Vergleich der Meditation mit dem Autogenen Training zeigt, daß Parallelerscheinungen auftreten können: Entspannung zum Beispiel, die sich in Wärmegefühl in den Händen äußert und Schwere in den Gliedern.

Aber alle Meditationsmethoden, die östlichen wie die westlichen, haben noch einen Bezug zu einem *letzten Geheimnis*, der beim Autogenen Training fehlt und bei der Zen-Meditation z. B. durch die Verneigung am Anfang und Schluß der Meditation zum Ausdruck kommt.

Man kann sagen, daß alle Meditationsweisen ihren Wurzelgrund, den sie nicht verleugnen können, in einer bestimmten Religion haben, ob es der Buddhismus ist beim Zen oder eine besondere Ausformung christlichen Glaubens beim Herzensgebet; selbst bei der modernen Massenmethode der Transzendentalen Meditation kann man den Hinduismus noch deutlich spüren. Dieser *geistige Horizont,* in dem Meditation stattfindet, darf nicht übersehen werden.

Es sollen in diesem Abschnitt östliche und westliche Methoden daraufhin untersucht werden, was sie uns an *erlernbarer Technik* zu bieten haben. Wir sind uns dabei bewußt – und der Leser sei ausdrücklich darauf hingewiesen –, daß diese Reduzierung auf das rein Technische eine Verkürzung der Darstellung bedeutet, die den verschiedenen Meditationsweisen im Grund nicht gerecht wird, die alle in den Zusammenhang eines Lebensentwurfs hineingehören.

Es muß aber möglich sein, die verschiedenen Meditationsmethoden aus alter und neuer Zeit auf einfache Grundlagen zurückzuführen, von denen man auszugehen hat, ohne daß man gleich dem Ausschließlichkeitsanspruch einer Methode verfällt. Wer Meditieren lernen will, muß nicht gleich den ganzen Buddhismus oder Hinduismus schlucken. Wir westlichen Menschen müssen, dieser Meinung bin ich, unseren eigenen Weg finden.

Ich setze aber auch voraus, daß wir – ob Buddhist, Hindu oder Christ – alle etwas Gemeinsames haben, das in unserem Menschsein begründet ist, so daß ich auch als ein Abendländer, der aus der christlichen Tradition kommt, z.B. bei einem japanischen Zen-Meister, der Buddhist ist, etwas lernen könnte, was das Meditieren betrifft. Denn es geht beim Meditieren darum, daß wir das Menschsein wieder lernen.

# Der Stellenwert der Technik

*Pir Vilayat Inayat Khan* antwortete einmal auf die Frage eines Teilnehmers nach dem Stellenwert der Technik in der Meditation, es sei wie beim Drachensteigen: Zuerst müsse man mit ihm rennen, bis er hochkommt – das sei die Technik –, dann brauche man ihn nur noch zu halten.

Denken wir einmal dieser simplen Antwort nach. Wir setzen voraus, daß der Drachen einwandfrei gebaut ist und reichlich Schnur vorhanden ist. Der Drachen: Das wären im Fall der Meditation wir selbst. Jeder Mensch kann meditieren, ist so gebaut, daß er zu solchem Höhenflug imstande ist. Was uns spontan ab und zu und oft nur momentweise widerfährt, soll nun aber mit Hilfe einer Technik bewußt geübt werden.

Um einen Drachen hinaufzubringen in die Lüfte, muß man mit ihm zunächst gegen den Wind anlaufen, bis er genügend Aufwind hat, um hochzugehen. Dann muß man ihm etwas mehr Schnur, das heißt Freiheit, geben, aber doch noch sehr vorsichtig hantieren, daß er uns nicht wieder plötzlich herunterstürzt. Ist er aber erst einmal oben, brauchen wir nichts mehr zu tun als ihn zu halten. Solange wir wollen, kann er oben bleiben.

Wir haben es bei der Meditation mit einem merkwürdigen Sonderzustand des Bewußtseins zu tun. Um dahin zu kommen, müssen wir zunächst gegen einen Widerstand anrennen. Jeder erfährt diesen Widerstand, der sich zum Meditieren hinsetzt. Ihn zu überwinden, soll die Technik helfen. Es ist gar nicht einfach, abzuschalten oder umzuschalten.

Nun gibt es bestimmte Regeln, die fürs Drachensteigen gelten. Es gibt Erfahrungen, die damit gemacht worden sind und an die man sich am besten hält, wenn man zum gleichen Resultat kommen möchte. Es gibt jahrtausendealte Techniken der Meditation, von denen wir lernen können.

Normalerweise leben wir Menschen mehr oder weniger extrovertiert. Was uns beschäftigt, wird meistens von außen an uns herangetragen: von Presse, Funk, Film, Fernsehen, Werbung, im Beruf und in der Freizeit. Dementsprechend kunterbunt sieht auch eine Momentaufnahme unseres Alltagsbewußtseins aus, ähnlich wie bei Franz Biberkopf in Döblins Roman »Berlin Alexanderplatz«.

Um den Vorgang bei der Meditation besser zu verstehen, können Sie folgendes Experiment machen:

Versuchen Sie einmal, für eine Minute nichts zu denken.

Probieren Sie es bitte, ehe Sie weiterlesen.

Sie werden feststellen, daß das nicht geht. Man kann das Denken nicht einfach abstellen. Sie haben es versucht und dabei wahrscheinlich immer »Nicht denken!« gedacht. Oder Sie haben auf einen Gegenstand hingesehen, an den Sie sich sozusagen angeklammert haben, um keine anderen Gedanken zu haben.

Damit sind wir auch der Lösung schon sehr nahe gekommen. Es ist leichter, der Vielzahl der Gedanken zu entkommen, wenn man sich an einen bestimmten Gedanken anhängt. Das wollen wir nun in einem zweiten Experiment versuchen: Wir nehmen uns ein bestimmtes Wort vor, das wir denken wollen, z.B. das Wort »Berg«.

Versuchen Sie, eine Minute lang nur dieses Wort zu denken!

Das wird Ihnen wahrscheinlich gelingen, wobei Sie verschiedene Wege beschreiten können. Sie können das Wort ständig innerlich vor sich hin sagen und es damit wie ein Mantra benutzen; Sie können sich einen bestimmten Berg vorstellen, den Sie vor sich sehen, einen Berg, den Sie in den Ferien bestiegen haben, und genießen in dieser Minute noch einmal die herrliche Aussicht. Beides, die Vorstellung mit allen Sinnen oder das ständige innerliche Wiederholen des Wortes, hilft uns, bei diesem Gedanken »Berg« zu bleiben. Wir sind ganz erfüllt von »Berg«. Was wir dabei erfahren haben, war ein Meditationsvorgang, denn genau dies passiert in der Meditation – daß wir herauskommen aus dem ständigen Kreisen der Gedanken und Vorstellungen unseres Alltagsbewußtseins, vergleichbar mit der Dunstglocke, die über den Großstädten liegt, in reine Luft.

## Das Vehikel

Um in dieses Element der Meditation zu kommen, brauchen wir ein *Vehikel*, in unserem Fall das Wort *Berg*. Das ist die *technische Seite* der Meditation. Oder, wenn wir beim Bild des Drachensteigens bleiben wollen: Zunächst muß ein Lüftchen wehen, das unserem Drachen Auftrieb gibt; etwas muß uns ergreifen. Es muß nicht ein Wort sein, es kann auch ein Bild sein, das wir sehen, eine Geschichte, die uns packt, oder irgendeine Tätigkeit. Versuchen Sie einmal einen Dauerlauf, solange Sie können. Sie werden dabei nicht viele Gedanken haben, sondern ganz bei Ihrem Laufen sein, wie Sie Fuß vor Fuß setzen . . . trapp, trapp, trapp . . . und versuchen, möglichst ohne Anstrengung zu laufen und dabei nicht außer Atem zu kommen. Alles, was wir dann noch zu tun haben, ist dann nur dies, daß wir mit dem Seil den Drachen am Wind halten, d.h., immer, wenn eine Störung kommt in Form von anderen Gedanken oder Müdigkeit oder was auch immer, kehren wir wieder zu unserem Wort zurück oder zu der Geschichte, zu der Tätigkeit, die unsere Meditation im Moment trägt.

Machen wir noch ein anderes Experiment. Die kleine Übung, die sich daraus ergibt, können Sie vor allem im *Zustand der Erregung* anwenden und ebenso bei Angst.

Nehmen wir als Beispiel an, Sie haben sich eben, wie Sie meinen, eine große Demütigung gefallen lassen müssen. »Das lasse ich mir nicht gefallen!« sagen Sie sich aufgebracht und formulieren in Gedanken eine gehörige Antwort. Bei jeder Formulierung wird sie schärfer. Sie drehen sich im Kreise und kommen nicht mehr los von der Sache. Ihr Zorn heizt sich ständig neu auf. Bevor Sie nun in Ihrer Erregung eine unter Umständen nicht wiedergutzumachende Kurzschlußhandlung begehen, haben Sie hoffentlich einen guten Freund oder eine gute Frau zur Seite, die Ihnen den simplen Rat geben: »Nun setz dich erst einmal hin und werde ruhig.« Andernfalls geben Sie sich selbst den guten Rat, indem Sie feststellen: »Ich bin erregt. Also tue ich gar nichts und werde erst einmal ruhig.«

Sie erinnern sich an den Werbeslogan einer Zigarettenfirma: »Warum gleich in die Luft gehen?« Es ist etwas dran. Statt gleich in die Luft zu gehen, rauchen Sie keine Zigarette, aber sollten Sie erst einmal tief Luft holen und ruhig und lange ausatmen. Das ist ein guter Rat, denn Sie schnappen ja förmlich nach Luft, so aufgeregt sind Sie. Versuchen Sie, ihn zu befolgen.

So, wie sich die Erregung im Körper niederschlägt, so gibt es auch einen *Weg aus der Erregung* über den Körper; indem Sie ruhig atmen, klingt Ihre Erregung ab. Sie sind nun auch ruhiger geworden und sehen nun die Angelegenheit, über die Sie sich so aufgeregt hatten, in einem anderen Licht, sachlicher zumindest. Vielleicht lachen Sie jetzt sogar, und der Brief wird nicht geschrieben . . . oder, falls schon geschrieben, wird er verbrannt.

Was Sie im Zustand der Erregung tun sollten, können Sie gleich auf der Stelle einmal üben: Lassen Sie sich einmal in den Schultern los. Heben Sie die Schultern hoch, und lassen Sie die Schultern fallen. Loslassen in den Schultern. Dabei den ganzen Ärger loslassen. Ruhig atmen, nur auf den Atem achten. Tief ausatmen und wieder tief ausatmen. Ruhiger werden.

Die kleine Übung mit dem Loslassen in den Schultern und dem tiefen Ausatmen ist ein Rezept, das Sie immer befolgen sollten, wenn Sie erregt sind, denn Sie werden inzwischen schon soviel Erfahrung mit sich selbst gesammelt haben, daß Sie wissen, daß es Ihnen selten gut tut, wenn Sie in Erregung handeln. Diese kleine Übung ist darum gerade auch bei Ehe- und Familienkrach sehr nützlich. Sie machen wahrscheinlich sonst etwas total Falsches.

Das gilt nebenbei auch bei Impulskäufen. Auch hier wäre eine Besinnungspause für uns gut. Das Einmal-darüber-Schlafen ist ein Rat, der aus der Lebenserfahrung kommt. Es ist im Grunde dasselbe Rezept. Wir entspannen uns in der Nacht.

Wir sind hier einem Gesetz auf der Spur, das in der Meditation angewendet wird. Körper und Seele hängen sehr eng miteinander zusammen. Jede Aufregung drückt sich auch körperlich aus in Verkrampfung und im hastigen Atmen. Ich kann nun auch den Weg über den Körper gehen, um der seelischen Ursache der Aufregung zu begegnen.

Die bewußte körperliche Entspannung färbt ab auf unsere Bewußtseinslage und verhilft auch zu einem inneren Zustand der Ruhe. Es ist unmöglich, gleichzeitig entspannt zu sein, ruhig zu atmen und dabei noch Angst zu haben oder aufgeregt zu sein. Auch das ist ein Meditationsvorgang.

## Die zwei Wege in der Meditation

Im Grunde gibt es in der Meditation zwei Wege, um eine Bewußtseinsänderung oder Bewußtseinserweiterung zu erreichen. Ich kann von einem Wort ausgehen oder einem Bild oder irgendeinem Gegenstand oder mich einer Tätigkeit hingeben. Das alles findet schließlich auch seinen Niederschlag im Körperlichen, in einer Haltung, denn wenn es Meditation war, bin ich ganz erfüllt davon. Oder ich gehe den Weg über den Körper, über eine Haltung, die mich ruhigstellt, und über den Atem und gelange so zu einem Zustand beispielsweise der Ruhe, der inneren Harmonie und des Friedens. Meditation ist also keine Einbahnstraße.

Wie unsere Zeichnung veranschaulicht, kann Meditation in beiden Richtungen erfolgen. Um eine Formulierung von Johannes Lotz zu benutzen: Ich kann vom *Gehalt* zur *Haltung* kommen oder von der *Haltung* zum *Gehalt*.

**Meditation ist keine Einbahnstraße**

Haltung        Gehalt

Alle Meditationsschulen, so verschieden sie sind, lassen sich in dieser Weise einordnen, daß man sagen kann, sie gehen entweder vom *Gehalt* aus, z. B. von einem *Mantra*, und finden von dort zu einer Haltung der Gelöstheit. Oder sie gehen von einer *Haltung* aus wie im *Zen* und kommen über ein körperliches Training zum Gehalt, oder sie benutzen den Weg in beiden Richtungen.

Den Weg über den *Körper* und von der *Haltung* aus gehen die *Zen-Meditation* und *Yoga*, aber auch das *Autogene Training*, wobei der wesentliche Unterschied zum Autogenen Training eigentlich darin besteht, daß dieses in erster Linie eine Entspannungstherapie ist und die dort geübte Haltung des Liegens oder Sitzens im Kutschersitz ein Einschlafen begünstigt.

Meditation aber, das sei an dieser Stelle noch einmal deutlich gemacht, ist ein *Schwebezustand* zwischen Tagesbewußtsein und Schlaf, der völlige Entspannung voraussetzt. Die Haltung muß mir aber auch helfen, in der Schwebe zu bleiben und nicht in den Schlaf zu versinken. Deshalb ist die sitzende Haltung, z. B. im *Lotossitz*, vorzuziehen, wie sie im Zen geübt wird. Im Zen gibt es daneben noch als Hilfsmittel das Zählen der Atemzüge und in der Rinzai-Schule den Gebrauch eines Kôan. Bestimmte Gebets- und Devotionshaltungen im Christentum, z. B. das Knien oder Stehen im Gottesdienst, sind auch ein Stück dieses Weges von der Haltung zum Gehalt.

Beim Weg vom *Gehalt zur Haltung* spielt die Körperhaltung zunächst keine Rolle. Die einzige Anweisung, die z. B. bei T. M., der Transzendentalen Meditation, für die Haltung gegeben wird, ist: bequem und entspannt sitzen.

Der Gegenstand, den ich meditieren will, darf mir nicht fremd sein. Was es auch immer ist, ein Wort, ein

37

Bild, »ergreift« mich. Es besteht so etwas wie eine *erotische Beziehung* zwischen mir und dem Gegenstand. Er kann also nicht völlig beliebig sein. Das gilt gerade auch bei der Meditation mit einem Mantra.

Ich weiß von einem Fall, wo sich schwere Störungen einstellten nach dem Meditieren mit der Silbe *Mu*. Mu ist eigentlich kein Mantra, sondern ein Kôan, ein Rätselwort, wie es in der Zen-Meditation zuweilen benutzt wird, und bedeutet das Nichts. Der Betreffende benutzte diese Silbe *Mu* aber wie ein Mantra; bei jedem Ausatmen sprach oder dachte er das Mu. Da der Übende ein gläubiger Katholik war, vermute ich, daß er einfach eine unbewußte Aversion gegen das heidnische, aus dem Buddhismus kommende *Nichts* hatte, vielleicht auch unbewußte Ängste vor dem Nichts, die zu diesen schweren Störungen führten.

Aus der Hypnose wissen wir um die Reizwirkung von Wörtern. Man sollte darum vorsichtig sein und mit einem Mantra nicht ohne Lehrer üben. Beim Weg vom Gehalt zur Haltung ist also zu beachten, daß mein Meditationsgegenstand nicht beliebig sein kann, da ich mich ja mit ihm identifizieren will.

Was meditiert wird, ist nicht Gegenstand gedanklicher Überlegungen. Statt dessen werden unablässig die Wörter oder Sätze wiederholt, z. B. OM, OM, OM . . . Sie sinken unterhalb der Sphäre des Denkens in eine Schicht, in der die Prozesse anders ablaufen. Ebenso ist es, wenn ich ein Bild meditiere. Der eigentliche Ort der Meditation ist eine Schicht, die *Carl Happich* das *Bildbewußtsein* nannte, weil hier die Prozesse meist in der Form ablaufender Bilderreihen vor sich gehen. Hier hat die Logik keinerlei Wirkung. Es ist auch die Schicht, aus der die Träume kommen und wo unsere Erinnerungen aufsteigen.

# Die hauptsächlichen Meditationswege

Wenn wir im folgenden eine kurze Übersicht geben über die hauptsächlichen Meditationsrichtungen und -schulen, sei darauf hingewiesen, daß die meisten einen *stufenweisen Aufbau* der Übungen kennen, der dem Fortschritt des Schülers angepaßt ist. Zen und Transzendentale Meditation sind im Grunde Kurzformen der Meditation, die wahrscheinlich gerade deshalb so populär geworden sind, weil hier nichts vorausgesetzt wird. Man sollte sich aber darüber im klaren sein, daß bei jeder Meditationsform es auch um einen *Reifungsprozeß der Person* geht, der dadurch in Gang gesetzt oder gefördert wird. Wir werden dabei sehen, die Wege aus dem Osten laufen mit denen aus dem Westen zum Teil parallel und überschneiden sich auch hier und da. Unterscheidungen wie gegenständliches Meditieren im Westen und gegenstandsloses Meditieren im Osten sind künstlich. Der Osten ist uns darin voraus, daß er uns eine erlernbare Technik bietet, die mehr auf den *Leib* bezogen ist. Das Körpergespür hat der westliche Mensch weithin verloren und muß es erst wieder finden.

## Das Autogene Training
### nach Prof. Dr. J. H. Schultz

Bei jeder Methode läuft ein Entspannungsvorgang ab, der sowohl die Skelettmuskulatur als auch den Atem beeinflußt. Auch bei uns sind Methoden entwickelt worden, die vom Körper ausgehen. Allen voran das berühmte Werk von *Prof. J. H. Schultz, Das Autogene Training*, das 1932 erschien und in dem zweifellos auch

Elemente des Yoga enthalten sind. Entspannung wird hier erfahren als *Erlebnis* von *Schwere* und *Wärme,* als vertiefte Ruhe in Herzschlag und Atem. Auf einer *höheren Stufe* gibt es auch Farb- und Bilderlebnisse. Autogenes Training kann damit auch zu einer Meditationserfahrung führen. Mit kurzen Suggestivformeln dient es auch zu Charakterübungen, z. B. »Rauchen ganz gleichgültig«, im Grunde eine Praxis der Selbsthypnose. Es hat damit auch seine Gefahren und sollte nicht ohne ärztliche Einführung und Kontrolle geübt werden.

### Carl Happichs »Gang auf die Wiese«

Es waren bezeichnenderweise Ärzte, die bei uns in den zwanziger und dreißiger Jahren die alten Wege der Meditation wiederentdeckten und sie zunächst zu Heilzwecken anwandten. Neben J. H. Schultz ist da der Internist *Carl Happich* zu nennen, der im Jahre 1928 einen größeren Kreis von Seelsorgern in seine meditative Methode einführte. Er hat sich über seine Methode und die psychologischen Grundlagen in zwei Aufsätzen geäußert und schließlich im Jahre 1938 seine *Anleitung zur Meditation* als Privatdruck erscheinen lassen.

Es gibt bei ihm Symbolmeditation, z. B. die Bedeutung des Zeichens ›X‹ oder das Meditieren einer brennenden Kerze. Immer geht es in der Meditation um einfache Dinge, die aber ihre Bedeutungstiefe, ihre Lebensmächtigkeit haben.

Bei seinem berühmten *Gang auf die Wiese* handelt es sich im Grunde um drei Übungen mit drei Bildvorstellungen. Die 1. nennt Happich »die Rückkehr zu den Anfängen« und läßt den Übenden in Gedanken auf eine Wiese gehen. Sie bedeutet meist die Rückkehr zur

Kindheit, wo das Leben noch ohne Vorbelastung und nicht festgelegt ist. In der 2. Übung geht man über die Wiese weiter und durch eine Landschaft im Gebirge, die mit anstrengendem Besteigen eines Gipfels Höhepunkt und Ziel findet und von wo man dann nach dem Genuß der Aussicht den gleichen Weg nach Hause zurückkehrt. Diese 2. Übung hat das schaffende Leben zum Inhalt. Bei der 3. Übung gehen wir wieder von der Wiese aus, aber dann durch einen Wald und auf einem schmalen Pfad zu einer Kapelle, wo man seine Andacht verrichtet, um danach wieder auf dem gleichen Wege nach Hause zurückzukehren. Irgendwie hat diese 3. Übung mit dem Abschluß zu tun, der Summe eines Lebens, das hier an einen heiligen Ort, in Gottes Haus, gebracht wird. Das Thema Abrechnung und Verantwortung schwingt mit, aber mit dem Gang zur Kapelle kann auch zusammenfallen: Hoffnung, Bitte um Vergebung und Reinigung, auch Hingabe und Darbringung. Jeder erlebt, je nach seinem inneren Zustand, etwas anderes bei diesem Gang auf die Wiese.

### Georg Volks »Einübung des Lächelns«

Ein dritter Arzt, *Dr. Georg Volk*, der in Offenbach wirkte, geht von der Atmung aus und läßt zunächst nur das richtige Atmen üben. Danach mehrere Tage Entspannungsübungen, z. B. Entspannung der Hand, Entspannung des Gesichtes (an einem Tag immer nur eine Übung), dann Symbole, Sammlung und Besinnung. Seine Einübung des Lächelns findet in unserem Buch an anderer Stelle noch besondere Berücksichtigung. Neben dem Einsatz der Meditation zu therapeutischen Zwecken hat sie bei uns eigentlich nur ein Winkelleben geführt.

41

## Die Meditation Rudolf Steiners und
### Friedrich Rittelmeyers

In esoterischen Kreisen ist die *Meditation Rudolf Steiners und Friedrich Rittelmeyers* zu Hause. Hier ist Meditation verbunden mit dem Weg der Anthroposophie bzw. der Christengemeinschaft. In Übungen von mindestens fünf Minuten geht es darum, sich selbst wie ein Fremder gegenüberzustehen oder die sinnvolle Sprache der Natur mit der Seele zu hören, sich in das Wesen eines Steines oder eines Tieres zu versenken, ein Samenkorn und dann eine reife Pflanze zu meditieren. Rittelmeyer, der auf Rudolf Steiner aufbaute, benutzte kurze Sätze aus dem Johannesevangelium, z. B. »Gott ist die Liebe« oder die Ich-Worte Jesu zu einer christozentrischen Meditation. Auch bei Steiner und Rittelmeyer läuft parallel zu den Meditationsübungen ein Weg der Selbsterziehung.

### Die Exerzitien des Ignatius von Loyola

Von alten, z. T. fast vergessenen und nicht mehr geübten Meditationsmethoden des Abendlandes sind zu nennen *die Exerzitien des Ignatius von Loyola*; gemeint sind geistige Übungen, ich zitiere: »damit der Mensch sich selbst überwinde und sein Leben ordne, ohne sich dabei durch irgendeine Gemütsneigung, welche unordentlich wäre, bestimmen zu lassen«. Die Übungen sind in vier Wochen gegliedert mit einem Reinigungsweg, einem Erleuchtungsweg und einem Einigungsweg. Die endgültige Fassung seines Exerzitien-Buches erschien 1534.

Uns Heutigen kommt das Ganze wie eine große Gehirnwäsche vor. Interessant an seiner Methode bleibt die Anwendung der fünf Sinne. Man sollte das zu Betrachtende mit den Augen der Einbildungskraft sehen, mit den Ohren der Einbildungskraft hören, mit dem Geruchssinn riechen, mit dem Geschmackssinn kosten und mit dem Tastsinn berühren. Auch die Zeit der geistlichen Übungen ist psychologisch sehr geschickt verteilt. Die 1. Übung findet zu Mitternacht statt, die 2. morgens gleich nach dem Aufstehen, die 3. vor oder nach der heiligen Messe, jedenfalls aber vor dem Mittag, die 4. zur Zeit der Vesper, die 5. eine Stunde vor dem Abendtisch. Nach dem Schlafengehen, ich zitiere: ».. . wann ich schon zu schlummern beginnen will, habe ich während der Dauer eines Ave Maria nachzudenken, zu welcher Stunde und wozu ich aufstehen soll, wobei die Übung, welche ich vorzunehmen habe, kurz in Erinnerung zu bringen ist«. Was die Haltung betrifft, wird empfohlen, die Betrachtung kniend zu beginnen oder auf die Erde hingeworfen oder auf dem Boden ausgestreckt oder stehend oder sitzend. Ist die Übung beendet, so soll eine Viertelstunde lang sitzend oder auf und ab gehend noch einmal geprüft werden, wie es einem in der Betrachtung oder Beschauung ergangen ist. Einwände und Bedenken erheben sich vor allem bei der Betrachtung negativer Bilder wie der Hölle und ihrer Qualen, ob man so etwas meditieren soll.

## Das Herzens- oder Jesusgebet

Eine der ältesten abendländischen Meditationsweisen ist das *Herzens- oder Jesusgebet*, dessen Überlieferung bis in die ersten Jahrhunderte zurückreicht. Sie findet sich in der fünfbändigen Sammlung der *Philokalia*, eines griechischen Erbauungsbuches, dessen Titel zu deutsch soviel wie »Liebe zur Schönheit« bedeutet. Es wurde in der Ostkirche, vor allem auch in den Klöstern des Berges Athos, bis in unser Jahrhundert geübt. Ein kleines, schlichtes Büchlein, »Lebensgeschichte eines Pilgers«, das in russischer Sprache in den achtziger Jahren des vergangenen Jahrhunderts erschien, nachdem die Erzählungen des Pilgers zunächst in Abschriften von Hand zu Hand gingen, und das heute in viele Sprachen übersetzt ist, hat es in unserer Zeit wieder neu bekanntgemacht.

Die äußere Form und Durchführung des Herzensgebetes zeigt, daß es wie ein Mantra benutzt wird. In den »Aufrichtigen Erzählungen eines russischen Pilgers«, wie der deutsche Titel des eben genannten Buches lautet, lesen wir folgende Anweisung: »Setz dich still und einsam hin, neige den Kopf, schließe die Augen, atme recht leicht, blicke mit deiner Einbildung in dein Herz, führe den Geist (d. h. das Denken) aus dem Kopf ins Herz. Beim Atmen sprich leise, die Lippen bewegend oder nur im Geiste: ›Herr Jesus Christus, erbarme dich meiner!‹ Gib dir Mühe, alle fremden Gedanken zu vertreiben. Sei nur still, und habe Geduld, und wiederhole diese Beschäftigung recht häufig.«

Wir werden in dem Exkurs »Was ist ein Mantra« (Seite 53) näher auf das Herzensgebet eingehen. Auch diese Meditationsform setzt Frömmigkeit und Stufen des Gebets voraus, die man durchschritten haben muß, bevor man von einem äußerlich verrichteten Gebet zum immerwährenden Herzensgebet gelangt.

### Der Weg der Mystik

Als letztes ist an abendländischer Meditation noch *der Weg der Mystik* zu nennen. Mystik kommt vom griechischen Wort Myo: die Augen schließen, und meint unmittelbare, innerlichste Gotteserfahrung. *Meister Eckhart* und seine Schüler *Tauler* und *Thomas a Kempis* wären zu nennen, ferner *Therese von Avila*. Auf Blaise Pascals mystisches Erlebnis gehen wir im letzten Kapitel unseres Buches noch näher ein.

Ein augenfälliges Zeugnis, wie man von der Freude überrascht, ja überflutet werden kann (und damit für den Weg vom Gehalt zur Haltung), findet sich in den von *Martin Buber* gesammelten *Erzählungen der Chassidim*, einer osteuropäisch-jüdischen Mystik, die es im 18. Jahrhundert gab.

Mystisches Erleben gibt es auch unter dem Einfluß von Drogen, besonders des LSD. Doch hält solcher Zustand nicht an, und man kann echte und falsche Mystik daran unterscheiden, daß ein echtes mystisches Erlebnis das ganze Leben umkrempelt und nachhaltigen Einfluß auf die weitere Lebensführung hat, was man von der falschen Mystik nicht sagen kann.

### Die Transzendentale Meditation des Maharishi Mahesh Yogi

Wenn wir uns nun dem östlichen Meditieren zuwenden, so ist als erstes die *Transzendentale Meditation des Maharishi Mahesh Yogi* zu nennen. Seit 1956 nennt er sich Maharishi, das heißt: »der große Seher«. Von seinem Leben ist nicht allzuviel bekannt. Geboren wurde er ca. 1918 in Indien und war dreizehn Jahre Schüler vom Guru Dev, der eine alte Meditationstechnik lehrte, die in den Vedas, den ältesten Hindu-Schriften, ihren Ursprung haben soll.

Er ist der Erfinder von *T. M.* (= Transzendentale Meditation), einer Meditationstechnik für die Massen. Die Methode ist denkbar einfach. Man erhält bei der

Einführung, die man teuer bezahlen muß, ein Mantra, das man niemals jemand anderem verraten darf, weil es sonst seine Wirkung verliert. Dieses Mantra »denkt« man zweimal am Tag zwanzig Minuten vor sich hin. Was ein Mantra ist und wie man mit ihm meditiert, werden wir in einem besonderen Exkurs noch näher erläutern (Seite 53).

Transzendentale Meditation wird durch zwei große Organisationen, *SIMS* und *IMS*, verbreitet und hat fast eine Million Anhänger, davon zwei Drittel in den USA, wo die Bewegung seit kurzem auch eine Universität und eine Fernsehstation unterhält. Kritik bekommt der Maharishi von beiden Seiten, von den Hindu-Gurus, die Transzendentale Meditation für zu oberflächlich halten, und von den christlichen Kirchen, die hinter der saloppen, weltmännischen Verpackung den Hinduismus nicht ganz zu Unrecht wittern. Etwa 25% geben aus den verschiedensten Gründen wieder auf. Die häufigsten Gründe, die mir bekannt wurden, waren die oft stümperhafte Einführung und der fragwürdige Personenkult, der mit dem Maharishi getrieben wird.

### Die Zen-Meditation

*Zen* begegnet uns authentisch eigentlich nur in der Gestalt eines lebenden Meisters. Wenn auch moderne Meister gelegentlich Bücher schreiben, hält man doch im Zen nichts von theoretischen Erörterungen. Zen ist kein Buch, kein System, sondern ein Mensch, der uns begegnet. Wenn ich von Zen schreibe, steht mir mein japanischer Meister, *Roshi Nagaya*, vor Augen. Ich sehe ihn vor mir, die knabenhafte Figur des nun Achtzigjährigen, wie er mit seinen nackten Füßen die Reihen der Meditierenden entlangschreitet. Das Wesentliche lernt man nicht aus Büchern, sondern im Umgang mit dem Meister.

Das Wort Zen (sprich: Dsen) kommt vom Sanskritwort *Dhyana*, was *Sammlung* bedeutet, Meditation. *Ruhige Seele* interpretierte Roshi Nagaya das Wort. Die Methode heißt *Za-Zen = gesammelt sitzen*, was aber auch zusammensitzen, zusammenkommen bedeutet. Za-Zen bedeutet: den Geist sammeln. »Das Herz des Lehrers und das Herz des Schülers müssen eins werden«, sagte mein Meister. Zen ist eine Meditationsschule, die wie das Wort aus Indien stammt, nach China kam, dort den Taoismus aufnahm und von dort nach Japan gelangte, wo sie heute noch lebendig ist. Dort bildeten sich im Mittelalter die beiden Richtungen *Soto* und *Rinzai* aus. Man kann sie daran unterscheiden, daß die Soto-Leute beim Meditieren zur Wand hin sitzen, während die Rinzai-Jünger den Rücken der Wand zukehren und in Reihen ihrem Meister gegenübersitzen. Zen beginnt beim Körper und der richtigen Körperhaltung, die immer wieder kontrolliert wird. Als Hilfsmittel dienen das Zählen der Atemzüge, bei Rinzai auch das Kôan, von dem wir noch näher sprechen werden, aber auch Schläge. Zen ist ein hartes Training, das um des Zieles willen: die Buddha-Urerfahrung – auch *Satori* oder *Wesensschau* genannt – äußersten Einsatz verlangt. Daß Zen auch für Christen ein möglicher Meditationsweg ist, zeigt das Beispiel von *Pater Lassalle.*

### Der Yoga-Weg

*Der Yoga-Weg* ist uralt, aber es ist schwer, dem wirklichen Yoga zu begegnen. Es gibt nur sehr wenige echte Yogis, auch in Indien trifft man sie selten, da sie meist zurückgezogen als Einsiedler leben. Es ist ein *achtfach* verschiedener Weg, wie er von den *Gurus* gelehrt wird, wobei wieder vorausgesetzt ist, daß wir Menschen verschieden sind und verschiedene Wege gehen können. Der vierte Weg ist das sogenannte *Hatha-Yoga*, die Lehre von der Körperbeherrschung, das bei uns am bekanntesten geworden ist. Auch dieser Weg ist wieder in acht Stufen gegliedert und enthält neben den Körperübungen Atemübungen und Konzentrationsübungen.

Yoga bedeutet soviel wie *Joch*, es meint ein Anschirren und In-Zucht-Nehmen des ganzen Menschen, aber auch eine enge Verbindung. Yoga bringt Körper und Seele zusammen, aber auch den Menschen mit Gott.

Im Yoga werden sieben verschiedene Bewußtseinsebenen unterschieden, die bezogen sind auf bestimmte Drüsen und Nervenzentren des Körpers, auch *chakras* genannt. Je nach dem Ziel der Meditation kann man sich auf eines dieser Zentren konzentrieren. Während im Zen zum Beispiel die Aufmerksamkeit auf den Unterbauch und Nabel gerichtet wird, wo sich unsere stärksten Antriebskräfte befinden: das Animalische, Triebhafte, Sexuelle, aber auch Machtstreben, konzentriert man sich bei Yoga meistens auf einen Punkt zwischen den Augenbrauen oder auch auf die Nasenspitze, die der Bewußtseinsebene der Intuition entsprechen, gelegentlich auch auf den Scheitelpunkt als den Sitz des höheren Bewußtseins. Hier wird also eine Verbindung zwischen *körperlichem* und *geistigem* Feld vorausgesetzt. Interessant ist, daß dieses Wissen offenbar auch beim Jesusgebet angewendet wird, wo das Herz der Konzentrationspunkt ist, die Bewußtseinsebene der brüderlichen Liebe.

Auch die Haltung der Hände geht von der gleichen Voraussetzung aus, daß eine Verbindung besteht zwischen Körperlichem und Geistigem. Während man bei Zen die Hände schalenförmig vor dem Leib zusammenlegt, wobei die linke Hand nach oben kommt, hält man in der für Yoga typischen Meditationshaltung die Arme geöffnet und ausgestreckt, die Hände ruhen auf den Knien, die Handflächen sind nach außen gewandt, der Zeigefinger und der Daumen werden zusammengehalten, die übrigen Finger gestreckt. Man nennt diese Haltung *Gian Mudra*. Der Daumen ist das Ego, das *Ich*, der Zeigefinger bedeutet Weisheit. Man kann den Daumen auch mit einem anderen Finger zusammenhalten, je nach dem Zweck der Meditation, doch ist Gian Mudra die übliche Haltung. Der Mittelfinger bedeutet das Karma, auch die *Emotionen*, die unser Schicksal bestimmen, der Ringfinger *Energie* und der kleine Finger *Kommunikation*. Das alles sind Mudra, auch die zusammengelegten Hände bilden ein Mudra.

Der Yoga-Weg kennt einen klaren Aufbau. Er beginnt bei der Reinigung des Körpers. Die Beherrschung des Körpers ist der nächste Schritt. Durch die verschiedenen Körperübungen werden die Drüsen angeregt und verborgene Kräfte freigemacht. Durch systematische Konzentrationsübungen und Mantrameditation werden diese freigemachten Kräfte dann hinaufgebracht auf eine höhere Bewußtseinsebene. Schließlich gelange ich zum höchsten Wissen. Das Leben erscheint nicht mehr als eine unzusammenhängende Folge von Ereignissen, sondern wird plötzlich verstanden in seinem Gefälle und in seiner Richtung, Ursache und Wirkung in unserem Leben wird offenbar.

### Die buddhistische Satipatthana-Meditation

Die *buddhistische Satipatthana-Meditation*, die bekannteste unter den vielen buddhistischen Meditationsmethoden, kommt aus Burma, wo jährlich Tausende für einige Tage oder Wochen an Meditationskursen teilnehmen. Meditation wird in buddhistischen Ländern schon im Kindergarten geübt. Durch *Satipatthana* lernt man, sich seiner Gedanken, Gefühle, Absichten, Vorurteile und Einstellungen bewußt zu werden und alles viel intensiver zu erleben. Hauptübung ist die Atembetrachtung während des Sitzens mit übereinandergeschlagenen Beinen, die uralte Form der Gebetshaltung, die Augen geschlossen. Die Aufmerksamkeit wird auf die Nasenspitze oder auf das Heben und Senken der Bauchdecke gerichtet. Beim Einatmen denkt man bewußt »einatmen« und beim Ausatmen »ausatmen«. Während der Pause zwischen den Atemzügen konzentriert man sich auf das »Sitzen« oder auf andere Körperstellen. Die nächstwichtige Übung ist das Gehen. Beim Gehen ist die Aufmerksamkeit auf die Füße gerichtet, jeder Schritt wird im Schneckentempo in zwei, drei oder sechs Abschnitten bewußt vollzogen. Während eines Kurses wird ununterbrochene Kontemplation angestrebt, weshalb man Lesen, Schreiben und Reden vermeiden soll. Man soll auch weniger essen und schlafen (vier Stunden Schlaf genügen). Beim Aufstehen, Waschen, Hinsetzen, Erheben und bei allen Bewegungen soll man sich erst der Absicht bewußt werden und die Bewegungen bewußt im Zeitlupentempo ausführen. An die Stelle des Benennens tritt später das reine Beobachten. Auch Schmerzen können zum Meditationsobjekt gemacht werden, ebenso jede Unlust, Unruhe, Ablenkungen, Hitze- oder Kältegefühl. Sie lösen sich auf, wenn sie bewußtgemacht werden. Durch diese Meditationsübungen wird die intuitive Erkenntnis und die Konzentrationsfähigkeit gesteigert. Wir gehen auf diese Methode noch näher ein, wenn wir Modelle für den Alltag vorstellen.

# Das Mantra

In dem indischen Wort »Mantra« steckt die Wurzel ›man‹ (= denken). Die gleiche Wurzel finden wir im lateinischen ›Mens‹ wieder. Mit der Endung ›tra‹ werden Werkzeugworte gebildet.

So ist ein Mantra ein Werkzeug, das ein Ding, das man denkt, zuwege bringt.

Ein Mantra kann aus einem Wort bestehen oder zwei oder auch aus einem ganzen Satz. Immer ist es aber ein Wort oder ein Spruch, der mit Kraft geladen ist und seinen Gehalt verwirklicht.

Um besser zu verstehen, was damit gemeint ist, machen wir uns den Unterschied zwischen Wort und Wort klar. Es ist ein *Unterschied zwischen einem Wort als Meinung und einem Wort als Wirklichkeit.* Ich kann z.B. sagen: »Ich meine, ich hätte von einem großen Feuer in der Zeitung gelesen.« Aber vielleicht habe ich die Weisheit auch von woanders her. Hier geht es zunächst um die Quelle, woher ich das weiß. Das Wort »Feuer« in dem Satz regt niemanden auf; wir sind von seiner Wirklichkeit nicht unmittelbar betroffen.

Anders ist es, wenn jemand hereintritt und ruft: »Feuer!« Wenn letzteres der Fall ist, haben wir Herzklopfen, springen auf und sind in Alarmbereitschaft.

Woher wissen wir, ob Worte nur eine Meinung signalisieren, der man widersprechen kann, oder etwas tatsächlich Eintretendes? Das Wort, das gebraucht wird, ist das gleiche. Der Eintretende braucht keine lange Erklärung zu geben; das eine Wort »Feuer!« genügt. Daß es Wirklichkeit ist, erkennen wir nicht nur an dem, was er sagt, sondern wie er es sagt, an der Mimik, der Stimme und den Gesten. Alles zusammen ist ein Ausdruck der Gewißheit. Hier ist das Wort Realität.

Beim Mantra ist noch ursprüngliche Wirkung des Wortes da, wie wir sie in der abgegriffenen Alltagssprache kaum mehr spüren. Hier ist Wort und Tat eins.

Ein Mantra wirkt auf *drei Wegen.* Einmal durch seinen *Klang* und den *Rhythmus* der Worte, die auf Körper und Seele einwirken. Der Klang ist nicht identisch mit dem Gedankeninhalt der Worte. Wenn wir die Melodie eines Liedes hören, kann sie uns ergreifen, ohne daß wir die Worte verstehen. In diesem Sinne kann auch ein Mantra wirken – allein durch seinen Klang. Indische Mantras werden gern zu einer Gitarre gesungen.

Auf dem zweiten Weg wirkt das Mantra durch seine *Bedeutung,* den Inhalt, den es birgt, und zwar zunächst die intellektuell faßbare Bedeutung. Dahinter offenbart sich noch eine Bedeutung. Es ist der dritte Weg, auf dem das Mantra wirkt, das uns zu einem Verbindungsstück, zu einer Brücke wird zu dem Unendlichen. Der Johannes-Prolog erinnert uns an den transzendenten Ursprung des Wortes: »Am Anfang war das Wort . . .« (Evg. Joh. 1,1). Dorthin führt uns das Mantra – zu dem Wort oder Grundton, der immer da ist.

Entsprechend diesen drei Wegen gibt es *drei Weisen,* wie man mit einem Mantra umgehen kann. Auf der ersten Stufe kann ich es laut sprechen bzw. singen. Bei der zweiten Stufe kann man evtl. noch die Lippen bewegen und es innerlich vor sich hin sagen. Auf der dritten Stufe werden wir es nur noch denken.

Auf der ersten Stufe kann ich es als Konzentrationsmittel benutzen. Ich lasse mich von seinem Klang mitnehmen, schwinge ein und schwinge mit und komme dadurch sehr schnell in den eigentümlichen Zustand der Meditation. Auf der zweiten Stufe ist vorausgesetzt, daß ich seine Bedeutung kenne. Nur so kann es in mein Inneres einsinken und dort wirksam werden, Frucht bringen. Auf der höchsten Stufe habe ich das Mantra den ganzen Tag im Kopf. Es vermittelt mir Ruhe und Frieden.

Mantra-Meditation setzt bei dem Übenden eine Menge voraus, denn das *Mantra ist kein Zauberwort*, das durch sich selbst automatisch wirkt, unabhängig von dem, der es gebraucht. Darum ist es eigentlich ein Unsinn, das Wort geheimzuhalten, wie es bei der Transzendentalen Meditation geschieht.

*Das eigentliche Geheimnis* bezieht sich nicht auf das Wort oder den Satz, der als Mantra gebraucht wird, auf seine richtige Betonung und Aussprache etwa, sondern auf die durch Selbstdisziplin und Verinnerlichung erworbene *geistige Haltung* des Übenden. Es hat zu tun mit der seelischen Reife. »Der Ton eines Mantra ist kein physikalischer Ton (obwohl er von einem solchen begleitet sein mag), sondern ein spiritueller. Das Ohr kann ihn nicht hören, wohl aber das Herz. Der Mund kann ihn nicht hervorbringen, wohl aber der Geist. Mantras haben Kraft und Bedeutung nur für den Eingeweihten, d. h. nur für den, der durch die besonderen Erfahrungen und Erlebnisse hindurchgegangen ist, aus denen das mantrische Wort oder die mantrische Formel entstanden und mit dem sie unlösbar in ihrem innersten Wesen verknüpft sind« (Lama Govinda).

So drückt die heilige Silbe *OM* aus: »Das Erlebnis des Unendlichen in uns, das als fernes Ziel empfunden werden kann oder als bloße Ahnung, als Sehnen – oder das erkannt wird als wachsende Wirklichkeit oder verwirklicht wird im Niederbrechen der Begrenzung und in der Überwindung der Knechtschaft niederer Triebe« (Lama Govinda).

Ebenso begegnen wir beim Gebrauch des Herzensgebetes in der Formel: »Herr Jesus Christus, erbarme dich meiner« der Realität Jesu Christi in seiner Güte, Wahrheit, Liebe und Weisheit, auch in seinem Verzeihen. Wir sprachen am Anfang von dem Ausdruck der Gewißheit als einem Merkmal des Mantra. Wir können hier den Ausdruck der Gewißheit näher als Glaube definieren. Nur so aber sind auch Krankenheilungen zu erklären, die beim Gebrauch des Jesusgebetes beobachtet worden sind. (Daß solche Meditation die Beschäftigung mit der Heiligen Schrift und der Gestalt Jesu voraussetzt, ist selbstverständlich.)

*Jedes Wort*, das mich anspricht, kann zu einem Mantra verwandt werden. Die Mantraworte aus dem Sanskrit sind der Abnutzung durch den Gebrauch in der Alltagssprache entgangen. Aber auch Inder kennen oft nicht ihre eigentliche Bedeutung. So wirken sie nur durch ihren Klang und Rhythmus und bleiben uns in ihrer eigentlichen Wirkung durch ihren Bedeutungsgehalt als Mantra verschlossen.

*Bibelverse*, die man als ein Mantra benutzen will, sollte man nicht im allzu bekannten, abgegriffenen Wortlaut nehmen, sondern in der Weise umformulieren, daß sie zwar denselben biblischen Inhalt tragen, aber durch die andere Wortstellung in ihrer Bedeutung ganz neu aufleuchten. Beispiel: »Gottes Liebe ist in mir.« – »Gottes Friede ist in mir.« – »Gottes Freude ist in mir.« – »Ich bin in Gott, und Gott ist in mir.« Diese Sätze sind nicht Ziel gedanklicher Überlegungen. Sie werden in der Mantra-Meditation unablässig wiederholt, langsam und geduldig, voll Erwartung und Vertrauen.

Anfänger in der Meditation sollten sich mit dreimal täglich fünf Minuten begnügen. Später kann man diese Zeit bis auf zwanzig Minuten ausdehnen. Zu Anfang ist es hilfreich, wenn man den Satz halblaut vor sich hin spricht. Später sollten wir diese Übungen im völligen Stillschweigen vollziehen.

In der indischen Tradition wird das Mantra, der

heilige Laut, dem Eingeweihten vom Guru übermittelt, von einem Meister und Seelenführer. Eine Mantra-Meditation setzt Wissen und Verantwortlichkeit voraus. Im Yoga gehen ihr körperliche Übungen und Atemübungen voraus. Ich möchte darum jedem den Rat geben, mit der Mantra-Meditation nicht zu früh zu beginnen und nicht ohne Verbindung mit einem erfahrenen Meditationslehrer, Seelsorger oder Arzt.

## Das Kôan

Im Unterschied zum Mantra ist das *Kôan* eine kleine Geschichte, die ein Paradox enthält. Das Wort stammt aus dem Chinesischen und ist ursprünglich ein juristischer Fachausdruck. Es bedeutet soviel wie offizielles Dokument. Kôans sind meist in der Form von Frage und Antwort gebildet. Beispiel: Ein Schüler fragt: »Hat auch ein Hund die Buddhanatur?« Der Meister antwortet: *Mu.* Mu heißt nicht nein, sondern das Nichts; es war also weder ja noch nein. Über diese Antwort soll der Schüler nachdenken. *Rinzai* gilt als der Begründer des Kôan-Zen, und es wird auch nur in der Rinzai-Schule verwandt.

Das Kôan scheint zunächst eine Konzession an den Intellekt zu sein, dem das ›Nur-Sitzen‹, wie es im Zen geübt wird, zu wenig ist, aber im Grunde ist es für ihn eine Fallgrube. Mit logischem Denken läßt sich ein Kôan nicht lösen. Es ist, als ob man mit der Faust gegen eine eiserne Wand schlägt. Wir werden sie so nicht durchstoßen. Wer mit dem Kôan übt, soll nicht nur während des Meditierens daran denken, sondern es Tag und Nacht im Sinn haben. Die letzte Wahrheit, die das

Kôan enthält, wird sich mir nur auftun, wenn ich zu einer höheren geistigen Ebene erwacht bin.

Lassalle berichtet, daß *Meister Harada* das *Mu* als einziges Kôan verwandt habe. Hier bekommt das *Mu* die Bedeutung eines mit Kraft geladenen Symbolwortes, eines Mantra; wenn die Schüler es bei jedem Atemzug denken und zu bestimmten Zeiten auch laut hinausschreien, ähnlich wie die heilige Silbe *OM*, wird die Silbe *Mu* das Mittel zur Befreiung und Erleuchtung.

Die brüllenden Zen-Mönche, die beständig *Mu* wiederholen, können einen aber noch einmal daran erinnern, daß Meditation ein Vorgang ist, der den ganzen Menschen fordert.

Es soll insgesamt etwa 1700 Kôans geben. Japanische Zen-Meister, die mit Kôan arbeiten, verwenden etwa einen Stamm von 500. Viele Kôans sind Wiederholungen anderer óder haben nur noch eine historische Bedeutung. Dies macht schon deutlich, daß man mit einem Kôan nicht auf eigene Faust üben kann. Ein Kôan-Studium läßt sich nur in Japan durchführen und erfordert viele Jahre. Es gehört dazu immer wieder der Gang zu dem Meister, der einem schon an der Nasenspitze ansieht, ob man die richtige Lösung mitbringt oder nicht, und der einem nach der Lösung ein anderes Kôan und damit ein anderes Problem gibt, das man lösen soll.

# 8.
# Die Grundlagen der Meditation

## Das richtige Atmen

Zu den Grundlagen der Meditation gehört das richtige Atmen. Jeder kann an sich selbst beobachten, wie jede seelische Erregung sofort seinen Atem beeinflußt. Wir sind aufgebracht, wütend und schnappen dabei förmlich nach Luft. Das Nachluftringen, das gierige Einatmen, ist typisch für solche Erregungszustände.

Umgekehrt: Wir sind mit einer großen Sorge herumgelaufen. Plötzlich wird uns diese Sorge genommen. Es ist alles in Ordnung. Wir sind erleichtert und – atmen hörbar aus. Vielleicht sagen wir dabei: »Gott sei Dank!« oder »Was bin ich froh!«

Mit diesem erleichterten, langen Ausatmen fängt jede Meditation an. Wir gehen den Weg über unseren Atem: Wir atmen so, als wären wir erleichtert, befreit von Sorge, und kommen dann unversehens auch zu dem inneren Zustand, der diesem erlösten Aufatmen entspricht. Eine Übung: Wir setzen uns ruhig hin und atmen einmal so aus. Die Wirkung werden wir sofort spüren!

Wenn wir vom richtigen Atmen sprechen, wird das

für viele bedeuten: *wieder atmen lernen*! Durch schlechte Haltung und mangelnde Bewegung haben wir uns oft eine oberflächliche Atmung angewöhnt. Mit nach vorn hängenden Schultern und zusammengedrücktem Brustkorb kann ich natürlich nicht richtig atmen. Unabdingbar ist, daß ich mich gerade aufrichte. Die gerade Haltung des Oberkörpers, die uns bei meditierenden Indern und Japanern auffällt, hat nichts mit einer Vorliebe für preußischen Drill zu tun. Jeder, der meditiert, wird früher oder später zu dieser Haltung finden.

Man kann damit beginnen, daß man wieder bewußt tiefer atmet und dabei auch ein wenig an seine Haltung denkt. Tiefatmung, das heißt *Zwerchfellatmung*. Wer nicht weiß, was gemeint ist, kann folgende Übung machen: Aufstehen und die linke Hand flach auf die Magengegend legen (oberhalb des Nabels). Nun stellen wir uns vor, wir haben in der andern Hand ein Veilchensträußchen, das herrlich duftet. Schnuppern wir einmal daran, um diesen Veilchenduft zu genießen! Vielleicht meinen wir wirklich, Veilchenduft zu verspüren, in jedem Fall werden wir aber dabei wahrnehmen, wie unsere linke Hand plötzlich anfängt zu wippen, während wir mit kurzen Zügen an unserm vermeintlichen Veilchensträußchen schnuppern und schnüffeln. Durch diese Vorstellung sind wir ganz von selbst dazu gekommen, mit dem Zwerchfell zu atmen. Hier sollte es sich also bewegen, wenn wir atmen. Hat man das erst einmal erfahren, kann man es wiederholen und üben, bis es wieder zur Natur geworden ist.

Vielleicht geht das auch Hand in Hand mit einer neuen Haltung zu unserem Leib. Denn wenn wir von Tiefatmung sprechen, kommen wir zu dem Bereich, den man in früheren Zeiten gern ausgeklammert hat – man sprach nicht darüber: unserm Bauch.

Während wir westliche Menschen, wenn wir *ich* sagen, gern auf unsere Brust zeigen und zu allem, was unterhalb des Nabels ist, eigentlich kein rechtes Verhältnis haben, empfindet der östliche Mensch ganz anders. Er ist sich bewußt, daß hier im Bauch seine Mitte ist, *Hara*, wie der Japaner diesen Bereich nennt, ein Zentrum geballter Kraft. Man beobachte zwei japanische Ringer, die aufeinander losgehen, die Rücken leicht gekrümmt, die Hände zum Packen bereit, wie sie atmen. Sie werden kaum ihre Brust mit Luft füllen, sondern ganz unbewußt ihre Hüften blähen und in das tragende Kraftzentrum des *Hara* atmen.

Wir müssen ein neues Verhältnis zu unserm Bauch gewinnen und unseren Schwerpunkt vom Kopf und von der Brust hinab in seine eigentliche Mitte bringen, wenn wir mit der Tiefatmung beginnen. Das schließt auch unser Geschlechtsleben mit ein und damit verbunden die Frage: Schäme ich mich dieser Region? Akzeptiere ich meine Geschlechtlichkeit und meine Bedürfnisse in dieser Hinsicht? Bejahung bedeutet keineswegs Anarchie der Triebe.

Verstecken wir also nicht unseren Bauch! Lassen wir ihn ruhig sich vorwölben, geben wir ihm seine Freiheit! Was übrigens den Speckbauch betrifft: Den werden wir unversehens los, wenn wir meditieren. Die erstaunliche Tatsache ist: Man hat mehr Vergnügen am Essen, wenn man meditiert, aber man kommt auch mit weniger aus! Doch darüber noch an anderer Stelle mehr.

Wenn wir tiefer atmen, werden wir die Atemwelle bis hinunter in den Unterbauch spüren. Wir sollten einmal auf diese Atemwelle achten, wie sie kommt und geht. Jeder Mensch hat seinen Rhythmus, auch seinen *Atemrhythmus*, aber er ist uns normalerweise nicht bewußt – so wenig kennen wir uns! Versuchen wir einmal, ihn herauszufinden, belauschen wir uns selbst, vielleicht kurz nach dem Aufwachen, wenn wir noch ganz gelöst und ruhig atmen! Wie atmen wir da? Wenn es einem gelingt, das vom Unterbewußtsein gelenkte Zwerchfellatmen bei sich selbst zu beobachten, fällt einem zunächst auf, daß nach dem Ausatmen eine Pause kommt. Versuchen wir, auch tagsüber bewußt in diesem Rhythmus zu atmen: Ausatmen (das immer etwas länger ist als das Einatmen), und keine Angst vor der Pause, das Einatmen kommt von selbst. Und wieder ausatmen. Vielleicht sieht unser Rhythmus dann so aus: 2 Takte *ausatmen* – 1 Takt *Pause* – 1 Takt *einatmen*. Vielleicht empfinden wir aber auch das Einatmen nur als einen Auftakt, dem sofort das Ausatmen folgt. Die anschließende Pause ist zuweilen kaum spürbar, doch ist sie schon in dem verlängerten Ausatmen enthalten, und je ruhiger und gelöster wir atmen, je deutlicher wird sie sich auch einstellen. Es wird sich schon dadurch manches in unserm Leben ändern, wenn wir zu diesem rhythmischen Zwerchfellatmen zurückfinden.

Es kann allerdings passieren, wenn wir unseren eigenen Atem unter die Lupe nehmen, daß wir die Erfahrung des Tausendfüßlers machen. Der wurde eines Tages gefragt, wie er's denn mache, daß er mit so viel Füßen so prächtig gehen könne, und als er darüber nachdachte und aufpaßte, wie er's machte, da kam er mit seinen tausend Füßen völlig durcheinander und konnte es nicht mehr. Wenn wir auf den Atem achten, kann es uns passieren, daß er völlig durcheinandergerät: daß wir gepreßt atmen, nach Luft ringen und nun erst recht nicht mehr wissen, wie man natürlich atmet.

Darum ist wichtig, den Atem loszulassen, sobald wir uns die Zwerchfellatmung angewöhnt haben. Man kann sich immer wieder einmal daran erinnern, bewußt *unten* zu atmen, im übrigen können und sollen wir *den Atem loslassen!*

60

Man kann mit dem Atem auch viel falsch machen. Darum ist Vorsicht geboten vor allen Atemübungen und aller Atemtechnik, die eine forcierte Ausatmung fordern, da dadurch sofort der Herzrhythmus gestört wird. Ein noch größerer Unfug ist die Ausatmung durch den Mund und gar noch mit verschiedenen pfeifenden und zischenden Lauten, als hätte uns die Natur den Mund zum Atmen gegeben. Wofür haben wir die Nase? Vorsicht vor allen *Pranayama*-Übungen des Yoga, wo der Atem oft lange angehalten wird, vor allem, wenn dies ohne Lehrer geschieht. Im Grunde gibt es nur eine Atemtechnik, die natürlich und deshalb richtig ist – die *Zwerchfellatmung*.

Also nie gepreßt atmen, keine Atem-»Übungen«. Lassen wir den Atem kommen und gehen, wie er will. Hilfreich ist vielleicht, dabei sich folgendes vorzustellen: Wir gehen am Meeresstrand entlang. Eine Welle kommt aufgelaufen, benetzt fast unsere Füße und rollt wieder ab, und dann kommt die nächste Welle. Gehen wir an unserem Atem ebenso entlang wie ein Strandwanderer. Beobachten wir, wie die Atemwelle kommt, bis in den Unterbauch hinunter spürbar, und wieder geht, und erleben wir: *Es atmet mich!* Vom Atem geht etwas ungemein Beruhigendes aus. Erkenntnis und Weisheit aus Jahrtausenden.

## Die Haltung des Körpers

Denken wir wieder an die Verklammerung von Außen und Innen oder, wenn wir wollen: Leib und Seele. Es ist nicht gleichgültig, welche Haltung wir einnehmen, sie »färbt ab«, hat ihre Entsprechung in unserer inneren

Haltung. Fast alle asiatischen Meditationsmethoden legen auf eine *gerade Haltung* des Oberkörpers großen Wert. Nur bei der Transzendentalen Meditation wird zunächst nicht davon gesprochen. Man läßt den Schüler im Glauben, er könne auch bequem im Klubsessel meditieren. Es kommt aber jeder, der meditiert, von selbst dahinter, daß die Körperhaltung nicht unwichtig ist. Bin ich äußerlich gerade, so bin ich auch innerlich aufgerichtet, wach und bereit, während eine bequemere Stellung auch innerlich faul und träge macht.

Eine Zeitlang hatte ich meinen japanischen Meister im Verdacht, daß er ein Anhänger des Preußentums sei, weil er auf die gerade Haltung so großen Wert legte. Ich assoziierte damit unangenehme Erinnerungen an die Kindheit und Militärzeit. Aber dann ging mir auf, daß keineswegs die *»Stillgestanden!«*-Stellung gemeint ist, mit hochgezogenen Schultern vielleicht noch und Händen an der Hosennaht, und ich machte die Erfahrung, daß man am besten in gerader Haltung längere Zeit unbeweglich und doch innerlich locker sitzen kann.

Ich habe nichts gegen bequeme Sessel, aber zum Meditieren sind sie wirklich völlig ungeeignet. Sie verhindern das gerade Sitzen und suggerieren Ausspannen und Schlaf. Man setze sich zum Meditieren am besten auf einen harten Stuhl oder auf eine Holzbank. Ein Küchenhocker tut's auch, denn Armlehnen sind hinderlich, und eine Rückenlehne brauchen wir auch nicht. Wir lehnen uns nicht an. Wenn wir einen altmodischen, hochbeinigen Stuhl finden können, ist er für unseren Zweck in jedem Fall besser geeignet als die modernen niedrigen Sitzmöbel, denn die Knie sollten auf gar keinen Fall höher stehen als die Hüftgelenke. Notfalls gleichen wir das Mißverhältnis aus, indem wir die Unterschenkel kreuzen, wodurch die Knie automatisch tiefer herunterkommen. Sonst stehen die Füße bei ein wenig geöffneten Beinen parallel mit ganzer Fußsohle auf dem Boden.

Am besten geeignet ist ein Küchenhocker oder harter Stuhl von 45 cm Sitzhöhe. Wir rücken von der Lehne ab und setzen uns möglichst weit nach vorn in Richtung der vorderen Stuhlkante. Das ist besonders wichtig, wenn die Sitzfläche nicht eben ist.

Versuchen wir *gerade aufgerichtet* zu sitzen. Anfangs wird uns das schwerfallen. Wir werden uns immer wieder dabei ertappen, wie unser Rücken schwach und krumm wird und wir zusammensinken, und werden oftmals genötigt sein, uns selbst zu korrigieren und uns wieder aufzurichten. Es ist darum besser, am Anfang

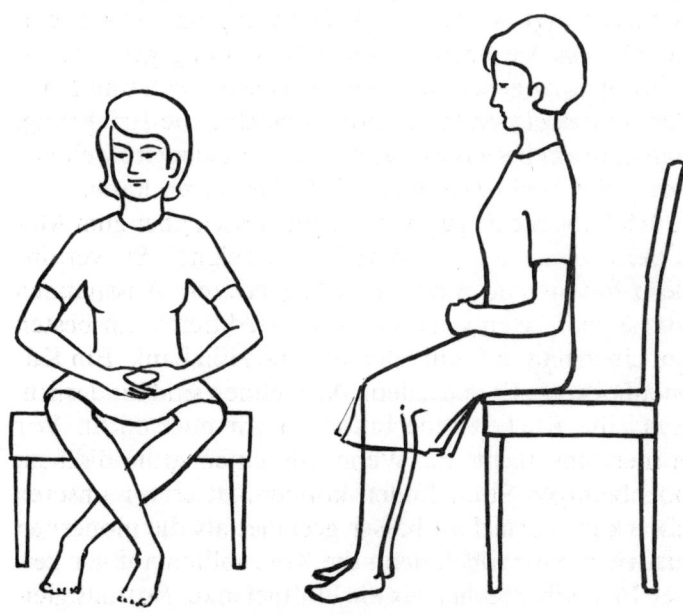

*Das Sitzen auf einem niedrigen Hocker und auf einem normalen Stuhl*

etwas zu übertreiben und mit Hohlkreuz dazusitzen, um nicht von vornherein dieser Schwäche nachzugeben. Nach einiger Zeit der Übung werden sich aber unsere Rückenmuskeln so weit gestärkt haben, daß sie den Rumpf mühelos geradehalten.

Man kann sich mühelos geradehalten und hat auch kein Bedürfnis, sich anzulehnen, wenn man mit seinem Körper im *Gleichgewicht* ist. Dafür müssen wir aber erst ein Gefühl entwickeln. Darum pendeln wir uns langsam ein, indem wir uns über unserm Schwerpunkt leicht nach vorn und rückwärts und zur Seite neigen, hin und her, mehrmals, und vielleicht dazu auch eine kreisende Bewegung machen. Unsere Sitzhaltung ist dann richtig, wenn der Rücken gerade bleibt, getragen von der Wirbelsäule, und alle anderen Muskeln vollkommen locker sind.

Auch den Kopf halten wir gerade. Er sollte auf der Halswirbelsäule frei schweben wie auf einer Waage der Waagebalken. Das Kinn ist leicht angezogen. Aber geben wir nicht der Neigung des Kopfes nach, der nach vorn kippen möchte.

Wir können nur gut meditieren, wenn wir in dieser Haltung entspannt sitzen. Achten wir vor allem auf die *Entspannung in den Schultern.* Die Muskeln der Schulterpartien sind fast immer verspannt. Jede Schrecksekunde beim Autofahren, jede Hetze drückt sich in unangenehmer Spannung und Verklemmung in den Schultern aus, die wir dann unwillkürlich hochziehen, und das führt schließlich zu einer Art Dauerkrampf. Es entstehen schmerzhafte Knoten und Muskelhärten, die uns eines Tages zu schaffen machen. Probieren wir einmal, uns bewußt in den Schultern zu entspannen, indem wir die Schultern hochziehen, die unangenehme Spannung dabei spüren und sie dann fallen lassen.

Graf Dürckheim gebraucht bei seinen Übungen gern

das Bild von der Schwarzwaldtanne. *Wie eine Tanne* in unseren Wäldern wollen wir sitzen, so gerade und aufgerichtet.

Beim Sichgeradestrecken und Einpendeln kann dieses Bild schon hilfreich sein. Bei der Entspannung in den Schultern denken wir an die lang herunterhängenden Äste, wie sie sich langsam immer mehr abwärts biegen unter der Schneelast im Winter und schließlich den Schnee abrutschen lassen. Wenn wir die Schultern fallen lassen, lassen wir auch alles Schwere, alles, was uns belastet, abrutschen, von uns abfallen. Die hochgezogenen Schultern sind das Bild des Besorgten, der ängstlich den Kopf einzieht und jeden Moment den Einschlag erwartet. Das Schulterfallenlassen ist die Geste der *Gelassenheit,* Gelassenheit gegenüber dem Geschehen da draußen. *Nicht Gleichgültigkeit:* Wir wenden uns ihm nach der Meditation wieder zu. Aber wir müssen erst einmal die Gelassenheit gewinnen gegenüber allem, was uns

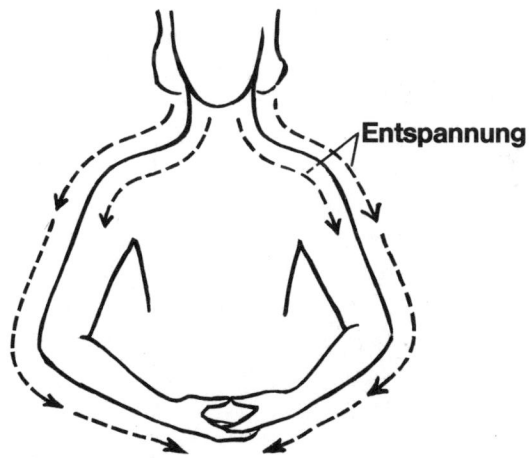

*Wie eine Tanne: Entspannung von den Schultern her*

eben noch umtrieb, sonst können wir nicht meditieren, und wir werden hinterher in der Haltung der Gelassenheit der Außenwelt anders begegnen als vorher.

Vielleicht stellt das Bild der Schwarzwaldtanne auch die Frage nach unserer Verwurzelung. Auf dem Wege der Meditation werden wir auch zu unseren Wurzeln kommen und damit zu dem, was uns miteinander verbindet, dem gemeinsamen Wurzelgrund, was immer das ist. *Meditation* ist darum *kein Rückzug auf sich selbst –* wir überlassen die »böse Welt« nicht ihrem Schicksal in der Haltung: »Nach uns die Sintflut!« – Meditation führt unweigerlich zur Teilhabe und Teilnahme, zur Kommunikation.

Wir müssen hier noch einmal vom Bauch sprechen. Auch er hat mit den Wurzeln zu tun, mit der unteren Region. Auch heute noch wirkt die Ansicht eines prüden Zeitalters nach, daß alles, was unterhalb des Bauchnabels kommt, eigentlich nicht fein und gesellschaftsfähig ist, sondern ein Makel, den man besser verbirgt. Entsprechend wird der arme Bauch auch heute noch möglichst verborgen gehalten, eingezwängt und zurückgedrängt durch zu enge Kleidungsstücke und zu stramme Gürtel. Man tut so, als wäre er nicht da. »Bauch rein, Brust raus!« ist die Krampfhaltung, in der Soldaten gedrillt werden. Der eingezogene Bauch ist Krampf! *Lassen Sie sich auch im Bauch los!* Hier gilt alles, was wir über den Bauch schon im Kapitel »Das richtige Atmen« gesagt haben.

Auch das Gesicht sollte teilhaben an der Entspannung. Im Gesicht drückt sich Gelassenheit aus durch Heiterkeit. *Riskieren wir ein Lächeln!* Dadurch erreichen wir von selbst, daß alle Gesichtsmuskeln sich lockern und alle Falten sich glätten. Man kann das Lächeln üben. Lächeln Sie in sich hinein, oder lächeln Sie in Gedanken einem guten Freund zu: Dabei ist der Mund geschlossen oder fast geschlossen, aber der Unterkiefer ist locker, die Zähne beißen nicht aufeinander. Schaun wir also nicht so verbissen drein! Georg Volk hat in seinem kleinen Übungsbuch »Entspannung – Sammlung – Meditation« ein ganzes Kapitel dem Lächeln gewidmet. Er unterscheidet zwei Arten: das in sich beschlossene und das offen zugewandte Lächeln, und schlägt Übungen vor dem Spiegel vor, auf die wir an anderer Stelle noch zurückkommen.

*Die Augen* können wir schließen oder halbgeöffnet lassen. Mancher kann sich bei geschlossenen Augen besser konzentrieren. Die Augen geöffnet zu halten, wie es bei der Zen-Meditation geschieht, ist empfehlenswert wegen des Wirklichkeitskontakts. Bei geschlossenen Augen werden wir leichter mit inneren Bildern überschwemmt, auch ist die Gefahr des Einschlafens größer. In jedem Fall sollen auch die Augen ruhiggestellt werden. Das geschieht bei geöffneten Augen dadurch, daß wir den Blick auf einen etwa 1 1/2 m entfernten Punkt auf den Boden richten, wenn wir auf einem Stuhl sitzen. Sitzen wir auf dem Boden, verringert sich der Abstand entsprechend. Der Punkt soll nicht scharf fixiert werden, sondern wir gehen mit unseren Augen gleichsam dort vor Anker, lassen den Blick dort ruhen. Die Augen ruhen dabei wirklich aus. Sollte es am Anfang passieren, daß uns dabei die Augen tränen, so liegt es daran, daß wir noch zu gespannt hinblicken. Wir sollten dann die Augen für einen Moment schließen und sie dann wieder öffnen.

*Die Hände* liegen am besten locker im Schoß. Wir können sie wie zwei Schalen ineinanderlegen, die rechte (aktive) Hand nach unten, die linke oben (Linkshänder machen es umgekehrt). Die geöffneten Hände zeigen an, daß wir jetzt einmal nicht die Aktiven sind, sondern uns bereiten, etwas zu empfangen. Wenn wir es genau

67

nach der Zen-Weise machen wollen, sollten sich die Daumen leicht berühren. Man hat den Eindruck, als wäre ein Stromkreis geschlossen. Die Zen-Meister legen großen Wert auf die richtige Haltung der Hände und lesen schon daran, wie einer die Daumen hält, den inneren Zustand des Schülers ab. Werden sie zusammengepreßt, so daß sie nach oben zeigen, so ist das ein Zeichen für falsche Spannung und Verspanntheit, zeigen sie nach unten oder lösen sich gar voneinander, so ist der Betreffende zu entspannt, um nicht zu sagen lasch.

Die Daumen sollen weder einen Berg noch ein Tal bilden, sondern wie die beiden Enden einer heruntergelassenen Zugbrücke genau horizontal liegen, wenn sie sich berühren. Das erreicht man u. U. erst dadurch, daß man die zusammengelegten Hände etwas auseinanderzieht. Die Hände sollten so nahe am Bauch anliegen (aber bitte nicht gegen den Bauch drücken!), daß sie zumindest beim Einatmen in Kontakt mit ihm kommen. Wir können sie an den Oberschenkeln abstützen, auch eine Hosenfalte bietet sich als guter Stützpunkt an. Auf keinen Fall sollten wir sie freischwebend halten, da wir dann nicht zu der so wichtigen Entspannung kommen, die von den Schultern her die Arme hinunter sich auswirken soll.

Wir sind zunächst davon ausgegangen, daß wir beim

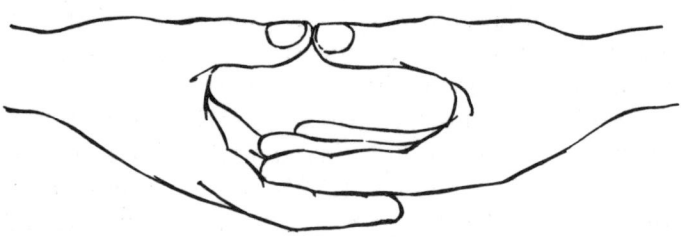

*Die Haltung der Hände*

Meditieren auf dem Stuhl sitzen, da wir westliche Menschen auch sonst auf Stühlen sitzen und diese uns gewohnte Sitzgelegenheit auch meistens zur Verfügung haben. Es gibt *andere Sitzhaltungen,* die aus dem Osten zu uns kommen und für die Meditation noch besser geeignet sind: der *Lotossitz* und der *Fersensitz.*

Beobachten Sie einmal bei einem Vortrag oder einer Diskussion, was die Teilnehmer, während sie aufmerksam zuhören oder diskutieren, alles mit ihren Füßen machen: wie sie mit ihnen unruhig hin und her scharren, die Füße kreuzen, die Beine verknoten oder übereinanderschlagen oder mit der Fußspitze nervös auf und ab wippen. Auf dem Stuhl sitzend, sind die Füße so weit weg von uns, daß sie ein Eigenleben für sich führen. Wir haben sie nicht unter Kontrolle. Für die Hände gilt übrigens etwas Ähnliches, wenn wir sie nicht gesammelt im Schoß haben. Ich denke an diejenigen, die während eines Vortrags automatisch zu kritzeln anfangen, Buchstaben und Ornamente malen oder mit der Hand auf der Tischplatte trommeln. Jede Unruhe und Nervosität spricht sich zuerst in den Füßen und Händen aus.

Bei der Meditation aber können wir es uns nicht leisten, daß unsere Gliedmaßen nicht ganz unter Kontrolle sind und ein Eigenleben für sich führen, denn es geht um Sammlung, äußere Sammlung zunächst, die dann zu innerer Sammlung führt. Es ist der Vorteil des Lotossitzes, daß wir dadurch unsere Beine und Füße ganz dicht an uns herankriegen, sie unter uns und um uns versammeln wie eine Henne ihre Küchlein.

Gewiß ist es ohne weiteres möglich, auf dem Stuhl in der beschriebenen Haltung gesammelt und unbeweglich zu sitzen und zu meditieren. Wir werden aber eine gewisse zusätzliche Aufmerksamkeit benötigen, um unsere weit entfernten Füße zu bewachen, die wir besser in die Meditation selbst einbringen, und wir werden manchmal auf dem Stuhl, wenn wir tiefer hineinkommen in die Meditation, fürchten, wir könnten fallen. Das Gefühl der Sicherheit, das uns der Boden gibt, fehlt uns »da oben«.

Gegen den Lotossitz spricht eigentlich nur das Argument, daß wir ihn nicht gewohnt sind. Heute gehört es aber unter jungen Leuten schon zum guten Ton, auf dem Fußboden zu sitzen. Tisch und Stühle werden verbannt. Es gibt höchstens ein Matratzenlager. So dürfte der Lotossitz auch nicht mehr als ungewöhnlich auffallen.

Wir sollten allerdings nicht »irgendwie« auf dem Boden sitzen, vielleicht mit krummem Rücken im Schneidersitz oder mit angezogenen Knien, wie man es oft sieht, sondern dann schon richtig im Lotossitz. Er ist nicht schwer zu erlernen. Es ist ein Irrglaube, wenn man meint, das sei nur etwas für junge Leute, die sehr gelenkig und sportlich sind. Ich habe noch mit fünfzig Jahren gelernt, so zu sitzen.

Zugegeben: Wenn man sich flach auf den Boden setzt, wird der Lotossitz schwierig und manchen überhaupt nicht gelingen. Der Lotossitz kann aber von jedermann in jedem Lebensalter und ohne irgendeine besondere sportliche Kondition mit Leichtigkeit ausgeführt werden, wenn man es wie die Zen-Mönche macht. Die setzen sich nämlich auf ein rundes Kissen, das mit Kapok gefüllt ist. Eine Decke, die wir mehrmals zusammenfalten, tut es auch.

Etwas Geduld ist nötig. Gehen wir langsam an den Lotossitz heran und beginnen wir zunächst mit einer *Vorübung*, die man auch ohne Decke oder Kissen ausführen kann. Wir setzen uns auf den Boden und spreizen die Beine so weit wie möglich auseinander. Dann ziehen wir das rechte Bein, indem wir das rechte Knie beugen, so dicht an uns heran, daß es mit der Fußsohle an den linken Oberschenkel zu liegen kommt, die Ferse nahe der Leistengegend.

Wichtig ist, daß in dieser Stellung das Knie den Boden berührt und der Oberkörper gerade aufgerichtet ist. Wem es nicht gelingen will, der nehme auch zur Vorübung schon ein Kissen oder eine Decke zu Hilfe, auf die er sich setzt. Verweilen wir in dieser Stellung einige Augenblicke, wobei wir die Hände am besten auf die Knie legen. Man kann das gleiche auch mit dem anderen Bein probieren. Beziehen wir diese Übung in unsere Morgengymnastik ein!

Wenn wir uns daran gewöhnt haben und es uns nicht mehr schwerfällt, so zu sitzen, gehen wir weiter. Wir sitzen jetzt auf jeden Fall erhöht auf einem Kissen oder ei-

*Vorübung für den Lotossitz*

71

ner Decke, die wir auf eine Handbreit zusammengefaltet haben. Das linke Bein ist noch gestreckt, das rechte im Knie gebeugt und dicht an den Körper herangezogen. Nun ziehen wir auch das linke Bein, indem wir das Knie beugen, an uns heran und lassen den Fuß auf dem rechten Unterschenkel ruhen. Die Fußsohle ist nach oben gewendet.

Vergessen wir nicht, uns gerade aufzurichten. Wichtig ist, daß beide Knie in Berührung mit dem Boden bleiben, notfalls sollten wir unseren Sitz etwas erhöhen.

Wenn wir am Anfang auch noch nicht lange so sitzen können, haben wir doch sogleich das Empfinden, bequem, ja ideal zu sitzen. Dies sollte nun unsere bevorzugte Sitzhaltung werden, damit wir uns daran gewöh-

*Der Lotossitz, gemilderte Form*

nen und diesen Sitz auch für die Meditation verwenden können. Setzen Sie sich darum, wenn Sie allein zu Hause sind, nicht mehr auf einen Stuhl, sondern auf den Teppich und üben Sie diesen Sitz! Auch mit Freunden kann man sich wunderschön unterhalten, während man auf dem Boden sitzt.

Es gibt einige *Abarten des Lotossitzes*, die viele als einfacher empfinden: Wir können die Füße voreinanderlegen oder das linke Bein im Winkel auf dem Boden liegen lassen. Letztere Haltung wird auch »Burmesischer Sitz« genannt.

Es geht ja beim Meditieren nicht um Akrobatik, sondern darum, daß wir eine Sitzhaltung finden, in der wir möglichst lange Zeit unbeweglich verharren können, ohne sie als unbequem zu empfinden.

Wir können es auch machen wie die Japaner, die bei der Meditation den Fuß auf den Oberschenkel des anderen Beines legen. Der obenliegende Fuß sollte so nah wie möglich an den Leib herangezogen werden, so daß er mit der Ferse direkt am Schambein anliegt. Wir müssen dazu allerdings den Winkel unserer auseinandergespreizten Oberschenkel etwas verkleinern (Abbildung Seite 74).

Wir beginnen bei diesen Sitzarten mit kurzen Zeiten, z. B. mit fünf Minuten, üben täglich und geben dann jede Woche ein paar Minuten zu. Wir gehen bis an die Schmerzgrenze heran, aber nicht weit darüber hinaus. Unangenehmes Ziehen in den Oberschenkeln kann auch ein Zeichen sein, daß wir zu niedrig sitzen. Dann sollten wir unseren Sitz erhöhen.

Eines Tages, wenn wir bequem eine halbe Stunde und länger so sitzen können, ist es dann nicht mehr schwer, auch den *vollen Lotossitz* zu probieren.

Wir sitzen, wie es Abbildung Seite 74 zeigt, ergreifen am besten mit beiden Händen den untenliegenden Fuß und legen ihn auf den Oberschenkel des anderen Beines. Wir ziehen ihn möglichst weit hinauf bis nahe an die Leistengegend. Dabei achten wir darauf, daß während dieses Manövers nicht der andere Fuß uns vom Oberschenkel wieder herunterrutscht, notfalls halten wir ihn mit der einen Hand fest, während die andere den untenliegenden Fuß ergreift. Beim halben Lotossitz war es wichtig, daß das rechte Bein als die aktive Seite nach unten kam. Wenn wir genau den Zenregeln folgen wollen, sollte auch beim vollen Lotossitz das rechte Bein unten liegen. Dann müssen wir allerdings umgekehrt verfahren wie beim halben Lotossitz und das linke Bein, das nach oben kommen soll, zunächst unten liegen lassen. Nachher liegt es über dem rechten Bein.

Wer je so gesessen hat, wird erstaunt feststellen, wie

*Der halbe und der volle Lotossitz*

74

*Der Fersensitz*

vorteilhaft diese Haltung ist. Man kann frei atmen und
besser entspannen als beim Sitzen auf dem Stuhl. Entspannung aber ist das ganze Geheimnis der Meditation.
Wir finden außerdem die Sicherheit, die uns der Boden
gibt. Wir können in dieser Position nicht umfallen. Am
Anfang werden wir zwar feststellen, daß uns regelmäßig
beim Üben mit dem Lotossitz der Fuß einschläft, gewöhnlich der obenliegende. Das ist aber nicht weiter ge-
fährlich und gibt sich mit zunehmender Gewöhnung.
Tatsächlich hat dieser Sitz auch für die Gesundheit
große Vorteile. Das Blut sackt nicht mehr nach unten
ab und staut sich in den Füßen. Eine Entlastung des
ganzen Blutkreislaufs erfolgt. Krampfadern bessern
sich oder gehen sogar mit der Zeit weg.

*Der Fersensitz* bietet ähnlich günstige Bedingungen
und liegt manchem mehr als der Lotossitz. Uns erscheint er nicht so fremdartig, da er einer unserer christlichen Gebetshaltungen sehr nahe kommt.

75

Wir knien am besten auf einer Decke und lassen uns dann auf die Fersen hinunter. Die Knie sollen etwas auseinanderstehen, um festen Stand zu haben. Die Füße aber lassen wir dicht beieinander, so daß die großen Zehen sich berühren. Sie bilden auf diese Weise eine Mulde, in die wir uns hineinsetzen. Die japanischen Frauen pflegen in diesem Sitz zu meditieren, da in Japan der Lotossitz für Frauen als unschicklich gilt. Es ist zugleich in Japan die Haltung, in der man schreibt, liest, ißt oder auch sich unterhält, eine wesentlich gesammeltere Haltung als unser Sitzen auf dem Stuhl.

Bei dieser Haltung können sich am Anfang Schmerzen einstellen, zumal wenn man zu starke Oberschenkel hat: eine unangenehme Spannung in den Oberschenkeln und dazu Schmerzen in den Knien und am Fußrist. Wir können es dann der großen Therese v. Avila, spanische Mystikerin (1515–1582), nachmachen, von der berichtet wird, daß sie in dieser Haltung mit ihren Schwestern meditierte und dabei ihr umfangreiches langes Ordensgewand über den Fersen zusammenlegte: Schieben wir dafür ein Kissen zwischen Fersen und Gesäß, ohne dabei die Stellung der Füße zu verändern! Man kann außerdem auch zum Knien einen Kopfkeil benutzen und die Fußgelenke auf dem dicken Keilende ruhen lassen. Auf diese Weise können wir die Schmerzen wesentlich abmildern und fast mühelos sitzen. Wir sollten aber auch trainieren, kurze Zeiten ohne solche Hilfsmittel zu sitzen, dann brauchen wir sie später nicht mehr. Vorsicht aber bei Krampfadern! Beim Fersensitz ist die Abschnürung der großen Blutgefäße in den Oberschenkeln noch stärker als beim Lotossitz, darum würde ich in solchen Fällen letzteren vorziehen.

Es gibt *andere Haltungen* als die eben beschriebenen, die man zuweilen einnehmen kann, wenn unsere Verfassung oder die Art der Meditation es erfordert.

*Das Liegen auf dem Rücken* ist als Meditationshaltung nicht so empfehlenswert, da diese Haltung zwar uns sehr schnell zur Entspannung führt, aber dabei die Gefahr besteht, daß wir selig einschlafen oder doch schnell ins Dösen oder Träumen kommen. Gesunden Menschen, die aufstehen können zum Meditieren, möchte ich diese Haltung nicht empfehlen. Ältere und kranke Menschen aber könnten in schlaflosen Stunden sehr gut im Bett liegend meditieren.

Wichtig ist, daß wir möglichst flach liegen, besser auf einer harten Unterlage als auf einer weichen, die nachgibt. Auch der Kopf liegt flach, also weg mit dem Kopfkissen und Kopfkeil! (Wenn wir nicht ganz darauf verzichten können, bauen wir wenigstens eins der hohen Kopfkissen ab, damit der Kopf nicht zu sehr geneigt ist!) Wir schauen zur Decke hinauf oder schließen die Augen. Die Füße liegen parallel. Die Hände können wir schalenförmig zusammenlegen wie beim Sitzen oder flach so auf den Bauch legen, daß sie sich berühren.

*Meditation im Stehen.* Oft müssen wir im Leben stehen: wenn wir in der Schlange anstehen in einem Geschäft oder vor einem Schalter oder auch an der Bushaltestelle. Es gibt auch Leute, die beruflich viel stehen müssen. Aber die Zeit, wo wir herumstehen und warten, muß nicht vertan sein. Wir könnten sie ausnutzen zur Meditation. Dazu muß man nur *richtig stehen können.*

Die Füße stehen parallel und sind nicht ganz geschlossen. Wichtig ist, daß wir *die Knie nicht durchdrükken,* sondern gelockert stehen. Auch die Arme lassen wir in diesem Fall locker herunterhängen. Anders ist es, wenn man in der Meditationshalle steht und den Meister erwartet: Dann legt man die Hände vor der Brust flach aufeinander, wobei die linke Hand oben ist.

Wenn wir so gelöst und locker stehen, ist das Stehen auch nicht anstrengend. Wir können, wenn wir wollen, uns auf den Atem konzentrieren oder auf ein Mantra. Oder wir können auch einfach nur so stehen und spüren, wie die kosmischen Kräfte durch uns hindurchgehen. Solches Stehen macht nicht müde, sondern erfrischt. Es ist, als wenn eine Kraftaufladung erfolgt wäre.

Diese Übung des Stehens ist sehr nützlich für alle diejenigen, die eine sitzende Beschäftigung haben. Auch wenn man sehr lange im Sitzen meditiert, ist diese Übung erholsam.

*Meditation im Stehen*

*Meditation im Gehen.* Bei den fünf bis sieben Tage dauernden Meditationsübungen im Zen, dem sogenannten *Sesshin,* wird in der Pause zwischen zwei Meditationssitzungen gern das *Kinhin* geübt, ein *meditatives Gehen,* bei dem es auch eine genau vorgeschriebene Haltung gibt.

Die linke Hand halten wir vor der Brust zur Faust geballt, aber nicht fest geschlossen, sondern halb geöffnet, so als hielten wir ein Ei. Die rechte Hand legen wir auf

*Meditation im Gehen*

die linke, denn im Fall des Gehens muß die rechte Hand bereit sein, um nach einem Halt zu suchen, falls wir straucheln oder stürzen. Andere Möglichkeit: Die Hände werden wie beim Sitzen übereinandergelegt und so gehalten, daß sie mit der Innenfläche etwa in Höhe des Zwerchfells am Leib anliegen. Wir lassen die Augen nicht umherschweifen, sondern richten sie vor uns auf den Boden. Die meditative Verfassung ist genau die gleiche wie beim Sitzen. Wir können schnell gehen, wie die Rinzai-Sekte es tut, oder ganz langsam wie die Leute der Soto-Schule. Es ist auch möglich, das Gehen mit dem Atmen zu koppeln, was wiederum eine Hilfe ist, um nicht abzuschweifen mit seinen Gedanken: Immer, wenn wir den Fuß aufsetzen, atmen wir aus. Wir verharren einen Augenblick, bis der Atem von selbst wiederkommt, heben, während wir einatmen, den andern Fuß – man kann dabei sehr bewußt jede Bewegung aufmerksam vollziehen –, und beim Ausatmen treten wir wieder mit ihm auf usw. So können wir sehr, sehr langsam gehen und dabei im Gehen weitermeditieren. Dieses meditative Gehen ist empfehlenswert, wenn wir längere Zeit meditieren wollen und uns zwischendurch wegen der eingeschlafenen oder steifgewordenen Glieder etwas Bewegung verschaffen möchten. Nach dreißig, vierzig oder fünfzig Minuten ist gewöhnlich eine Pause angezeigt, in der wir in dieser Haltung eine Runde durchs Zimmer machen können oder auch einen Gang ins Freie, wenn es die Verhältnisse erlauben, ohne daß wir im Grunde die Meditation unterbrechen.

Von diesem Kinhin einmal abgesehen und wohl von ihm zu unterscheiden, wäre das Gehen durchaus eine Möglichkeit für Menschen mit starkem Bewegungsdrang, denen es schwerfällt, längere Zeit stillzusitzen. Das Aufundabgehen im Garten oder das ruhige Gehen auf einem einsamen Waldweg kann helfen, zur Besinnung und zu innerer Ruhe zu kommen und neue Kraft zu sammeln. Was dabei vor sich geht, kommt der Meditation nahe.

*Ungeeignete Haltungen* sind das *Kauern* oder *Hokken* auf der Erde mit an die Brust gezogenen Knien. Wir können aus der Not eine Tugend machen, wenn wir bei einem Konzert oder Vortrag auf einer Treppenstufe hocken müssen, und können in dieser Haltung vielleicht auch konzentriert zuhören. Aber die Zwerchfellatmung wird sehr eingeengt, und zu voller körperlicher Gelöstheit können wir nicht kommen, weshalb ich diese Haltung zum Meditieren nicht empfehlen möchte. Ungeeignet ist aus ähnlichen Gründen auch das Knien, wenn wir uns nicht wie beschrieben auf die Fersen setzen.

## Die innere Haltung

Der äußeren Haltung entspricht eine innere Haltung. Schon das äußerliche bewegungslose Sitzen »färbt ab«, hat seine Wirkung auf unser Inneres und führt uns nach und nach zur Ruhe. Trotzdem wäre es verkehrt, von der äußeren Haltung alles zu erwarten und die innere Verfassung unberücksichtigt zu lassen.

In unserem Meditationsraum in Hamburg habe ich eine Kalligraphie von *Roshi Nagaya* an der Wand hängen, die ich von einem ersten *Sesshin* mit heimbrachte. Wir saßen einen ganzen Nachmittag um ihn herum, als er unter vielen anderen Sprüchen mit dem dicken Pinsel in äußerster Konzentration in einem Zug diesen aufs Papier brachte. Schon die umständlichen Vorbereitungen, die er traf: das Zerschneiden des dünnen Papiers in

81

lange Streifen, das Reiben und Anrühren der Tusche und das Zurechtlegen des Schreibzeugs, zeigten uns, welchen Wert das Schreiben für ihn hatte.

Es war ein anderer Weg der Meditation. Aber davon an anderer Stelle mehr.

Er pflegte jedem seiner Schüler einen von ihm geschriebenen Spruch mitzugeben, und dieser Spruch hatte es mir besonders angetan, so daß ich ihn mir ausbat. Die japanischen Schriftzeichen, von oben nach unten gelesen, stehen nicht in so strenger logischer Verbindung zueinander wie die Worte im Deutschen und lassen darum mehrere Deutungen zu. Er sagte dazu, als er ihn schrieb, und das war seine Interpretation: »Wirf alles weg, so ist dir geholfen!«

»Wirf alles weg . . .« Lassen wir einmal den buddhistischen Hintergrund dieser Worte außer acht und denken wir an die Haltung, die hier gemeint ist. Alles, was wir innerlich noch festhalten und mit uns herumtragen, ist unnötiger Ballast, den wir abwerfen sollen. Eine Gestalt aus den deutschen Märchen kann uns diese Haltung nahebringen: Es ist der *Hans im Glück*, der am Ende befreit von allem falschen Besitz singend und springend nach Hause läuft, der hier gemeint ist. Er wähnt sich nicht nur im Glück, er ist wirklich im Glück. Es ist sein Glück, daß ihm am Ende auch der Schleifstein nach all den Tauschgeschäften in den Brunnen gefallen ist. Der Hans im Glück ist weiter als diejenigen, die ihn für einen Dummkopf halten und über ihn lächeln. Das Glück besteht nicht in einem Goldklumpen, mit dem man sich abschleppt und auf den man aufpassen muß, daß er einem nicht gestohlen wird.

Versuchen wir einmal, alles loszulassen. Auch alle Hetze, alles Getriebensein. Wenn wir uns hinsetzen zum Meditieren, haben wir Zeit. Was eben noch war, tritt jetzt zurück, ist unwichtig. Was nachher sein wird, ist

82

*Wirf alles weg, so ist dir geholfen.*
*(Original-Kalligraphie, für dieses Buch geschrieben*
*von Roshi Nagaya)*

noch in weiter Ferne – interessiert jetzt nicht. Was zählt, ist diese Gegenwart. Ich habe Zeit und bin frei.

*Loslassen ist das Kennwort für die innere Haltung.* Eine Vorstellung, die Klemens Tilmann empfiehlt, kann dabei helfen: Wir sind »wie durch schalldichte Türen abgeschirmt . . . im geschützten Raum der Gegenwart«. Was wir hier als innere Haltung anstreben, wird dann auch eine wichtige Alltagsübung, von der wir später noch handeln: Ganz gelöst und hingegeben bei der jeweiligen Tätigkeit zu sein, ganz wach und ganz da zu sein für die Menschen, die uns gerade brauchen.

Eine weitere Vorstellung, die Tilmann anbietet, ist das *Herüberholen von Entspannungsstimmung.* Erinnern wir uns z. B., wie wir am ersten Urlaubstag auf einer Bank saßen. Vor uns eine Wiese. Wir hatten den würzigen Duft der Kräuter in der Nase. Die Bienen summten. Ein leiser Wind umfächelte uns. Die Sonne beschien uns so warm. Vom nahen Kirchturm schlug eine Uhr. Sie trieb uns nicht. Die Großstadt, der Beruf, der Streß, das war alles weit weg. Wir atmeten tief aus, und es wurde uns so recht bewußt: Ich habe Urlaub, ich bin frei!

Holen wir solche Erlebnisse, wo wir ganz gelöst und entspannt waren, wieder herüber in unser Gedächtnis! Lassen wir die damals erfahrene Entspannung wieder neu in uns erstehen bis ins Körpergefühl hinein!

Loslassen, die Dinge und sich selber, kann man nur, wenn man weiß, daß etwas da ist, das einen auffängt und trägt. Wir brauchen Sicherheit.

Zunächst *äußere Sicherheit.* Wenn ich mich niedersetze zur Meditation, brauche ich die Sicherheit, daß mich jetzt keiner stört. Diese Bedingung sollte durch Absprache mit den Angehörigen oder Mitbewohnern zu erreichen sein. Mit etwas Verständnis könnte vereinbart werden: »Ich brauche ab und zu etwas Stille. Von

6 bis 6 Uhr 30 meditiere ich. Bitte, während dieser Zeit mich nicht stören!«

Unter Umständen treffen wir hier aber auf Probleme, die tiefer reichen und die mit der Gewährleistung einer halben Stunde Ruhe nicht abgetan sind. Sie betreffen meine *innere Sicherheit*, wieweit ich überhaupt Raum habe, der zu sein, der ich bin oder der ich sein möchte. Gemeint ist, was Erika Landau im Anschluß an Rogers *psychologische Sicherheit* und *psychologische Freiheit* nennt, die mir eine verständnisvolle und gewährende Umgebung, die mich akzeptiert, wie ich bin, ermöglicht. Was Rogers als Voraussetzung zur Kreativität aus der psychotherapeutischen Situation ableitet, gilt auch für die Meditation. Diese innere Sicherheit ist keineswegs immer vorhanden, wenn wir mit dem Meditieren beginnen, sie kann und sollte aber aufgebaut werden. Ein verständnisvoller Arzt, Seelsorger oder Meditationslehrer, mit dem man offen darüber sprechen kann, vermag da zu helfen.

Die Haltung des *Loslassens* muß sich gerade gegenüber *Störungen* bewähren. Sind wir auch vor äußeren Störungen sicher, so doch keineswegs vor solchen, die immer wieder in Gestalt von Fremdgedanken, die mit der Meditation nichts zu tun haben, aus unserem eigenen Inneren aufsteigen. Unter Umständen fallen uns wichtige Dinge ein, die wir vergessen hatten, es können auch banalste Gedanken sein. Menschen kommen und sprechen mit uns, nicht in Wirklichkeit, wir waren eben ins Träumen gerutscht . . . Die wichtigsten Dinge sollten wir eben kurz notieren, damit wir nicht die ganze Zeit fürchten müssen, sie wieder zu vergessen. Für den Fall ist es gut, Notizblock und Bleistift in der Nähe zu haben. Im übrigen gilt es, auch sie alle loszulassen, die banalsten ebenso wie die erhabensten Gedanken, Wichtiges und Unwichtiges, Angenehmes und Unange-

nehmes, wir lassen sie wie Wolken am Himmel vorbei-
ziehen.

Wir sollten uns beileibe nicht über einen Gedanken
ärgern, sollen aber auch an schönen Gedanken und Ge-
sichten nicht haftenbleiben. Weder ablehnen noch annehmen, ist die Regel. Das »Ich« mit seiner moralischen
Vorzensur hat in der Meditation nichts zu suchen. Wir
befinden uns einmal nichtwertend allen Dingen und uns
selbst gegenüber, in einem ursprünglicheren Zustand,
jenseits von Gut und Böse.

Es soll nichts verdrängt werden, was in der Meditation hochkommt, aber auch nicht analysiert werden. Bei
besonders hartnäckigen Gedanken, die vielleicht eine
Art Schlüssel zu unserem Problem sein können, empfiehlt es sich unter Umständen, diesen Gedanken zum
Meditationsgegenstand zu nehmen, in Abweichung von
der Regel. Wir nehmen ihn dann bewußt an, aber in der
eben beschriebenen gelösten, nichtwertenden Haltung,
und bleiben bei ihm. Wir lassen uns dann durch nichts
von diesem Gedanken ablenken und werden nun eine
ganze Kette von Gedanken assoziieren, die sich daran
anschließt. Das Ergebnis mag uns auch hinterher noch
beschäftigen.

*Absichtslosigkeit.* Jeder kommt mit einer gewissen
Erwartungshaltung zum Meditieren. Wir haben wun-
derbare Dinge darüber gehört oder gelesen und erhof-
fen uns davon eine wesentliche Hilfe für die eigene innere Entwicklung – nicht zu Unrecht. Trotzdem können
hochgeschraubte Erwartungen hinderlich sein für die
Meditation und machen sie vielleicht zunichte.

Jeder, der ein wenig fortgeschritten ist, erlebt eines
Tages beim Meditieren den merkwürdigen Zustand,
daß er plötzlich das Teppichmuster plastisch sieht und
zugleich leuchtende Farben auftreten, violettes oder
gelbes Licht, nachts auch ein Silber-Licht, so daß der

ganze Raum, in dem er sitzt, verwandelt scheint. Oder
es kann auch sein, daß er in Dunkel gerät, Wolken und
Schatten ihn umgeben, oder seltener, daß er Gestalten
sieht, gute oder schreckliche, oder nie gehörte Töne und
Klänge vernimmt. Wenn das zum erstenmal auftritt,
empfindet man sehr stark das Außerordentliche dieses
Erlebnisses. Man fühlt sich emporgehoben über das
»niedere Dasein«, und da das meistens ein sehr angenehmer Zustand ist, möchte man ihn gerne festhalten.
Und dann erleben wir folgendes: In dem Augenblick,
wo wir uns bewußt werden, was vor sich geht, und anfangen, darüber zu reflektieren, kommen wir heraus aus
diesem Zustand. Was war passiert? Wir waren für einen
Moment etwas »tiefer« gekommen, die Tore zu unserem Unterbewußtsein standen offen. Vielleicht hatten
wir auch einen Augenblick die Subjekt-Objekt-Grenze
hinter uns gelassen. *Makyo* nennen die Zen-Meister
diesen Zustand, was man mit »Teufelswelt« übersetzen
kann, und haben eine Regel dafür: Sich nicht darum
kümmern, ganz gleich ob die Erscheinungen angenehm
oder unangenehm sind. Wer nun trotzdem dem Makyo
nachgeht und in dieser Erwartung meditiert, wird erleben, daß diese Dinge weniger häufig auftreten und immer dann verschwinden, wenn wir sie festhalten wollen.
Statt der wunderbaren Erlebnisse, auf die wir aus waren, kommen wir in einen Zustand der Lähmung und
Dürre hinein. Es passiert gar nichts mehr.

Das Auftreten des Makyo ist zwar ein Zeichen dafür,
daß wir tiefer hineingekommen sind in die Meditation.
Aber diese Erscheinungen sind nur ein Meilenstein am
Wege, der Weg geht weiter. Stehenbleiben bedeutet nur
Zeit verlieren und vom Ziel abkommen. »Solange man
seine Aufmerksamkeit darauf richtet, bleibt man ste-
hen, und die Erleuchtung ist unmöglich«, sagt Pater
Lassalle.

Es wäre also gut, auch diese Erwartungen loszulassen und uns statt dessen eine Haltung anzueignen, die man am besten mit Absichtslosigkeit umschreiben kann. Der chinesische Philosoph *Laotse*, der im 4. Jahrhundert vor Christus lebte, hatte einen Blick für diese Zusammenhänge, wenn er sagt: »Der Berufene . . . hält nicht fest, so verliert er nichts . . . Er wünscht Wunschlosigkeit.«

Es ist das tiefe Paradox des Lebens, daß sich die Dinge gerade dann einstellen, wenn wir sie nicht mehr suchen. Der Erfolg stellt sich ein, wenn man ihn nicht mehr erstrebt. Das gilt auch für die Meditation.

## Der Ablauf einer Meditation oder Meditation im Grundriß

Mit dem Meditieren ist es wie mit dem Drachensteigen. Mit dem Drachen muß man erst eine Weile rennen, bis er hochkommt. Dann braucht man ihn nur noch zu halten. Wir müssen erst einmal hineinkommen in die Meditation. Dafür gibt es einige Hilfen. Danach läuft die Meditation *von selbst* weiter und wir haben nichts weiter zu tun als den Zustand zu *halten.*

Wir nehmen die beschriebene Körperhaltung ein und atmen ruhig. Dann sprechen wir halblaut einen Satz (später genügt es, wenn man ihn denkt), der uns die innere Haltung vergegenwärtigt: »*Ich bin ganz ruhig und gelöst*« oder: »*Ich habe Zeit. Nichts stört mich.*« Vielleicht erinnern wir uns dabei auch noch an den ersten Urlaubstag. Wenn es mir schwerfällt, ruhig und gelöst zu atmen, hilft ein Satz wie: »*Der Atem geht ruhig und gelöst. Mit jedem Atemzug werde ich ruhiger und gelö-*

*ster.*« Solche *Suggestivformeln* sind zu verstehen als vorläufige Hilfe. Mit der Zeit wird uns die meditative Verfassung so vertraut, daß sie sich ganz von selbst einstellt, wenn wir uns in die richtige Haltung begeben und ruhig atmen.

Eine ganz einfache Hilfe zum Hineinkommen ist das *Zählen der Atemzüge,* wie es bei der Rinzai-Sekte des Zen allen Anfängern empfohlen wird. Am besten zählen wir nur das Ausatmen: Wir atmen aus und zählen in Gedanken »eins« (wenn wir visuell veranlagt sind, sehen wir eine Eins vor uns). Beim nächsten Ausatmen zählen wir »zwei« usw. bis zehn (visuelle Typen sehen eine Null), dann beginnen wir wieder von vorn. Durch das Zählen geben wir userm Intellekt etwas zu tun, zugleich hilft uns das, uns auf den Atem zu konzentrieren und Fremdgedanken zu vermeiden. Trotzdem wird es zuweilen passieren, daß wir über zehn hinaus zählen oder nicht mehr wissen, wo wir waren, weil uns andere Gedanken dazwischenkamen. In beiden Fällen fangen wir wieder bei eins an.

Anfängern rate ich, die ganze Zeit der Meditation über beim Zählen zu bleiben. Wer geduldig so sitzt und zählt, wird ganz von selbst ruhig. Dies ist auch eine Hilfe, um sich von Ereignissen, die gerade waren oder die unmittelbar bevorstehen, für die Zeit der Meditation zu distanzieren.

Eine andere Möglichkeit wäre die, ohne zu zählen nur *auf die Bauchdecke* zu *achten,* wie sie sich bei jedem Atemzug hebt und wieder senkt (vgl. das Kapitel vom richtigen Atmen).

Wenn wir *mit einem Mantra* üben, so kann es am Anfang eine Hilfe sein, das Mantra halblaut vor sich hin zu sprechen. Haben wir den Klang im Ohr, so denken wir es nur noch, d. h., wir sagen es uns innerlich, wobei der Rhythmus zügig und schnell sein sollte. Üben wir

z. B. mit der heiligen Silbe *OM*, so achten wir zunächst auf den Klang und die Schwingungen, die das bei uns auslöst, wenn wir sprechen: OOOOOOOOMMM-MMMMMOOOOOOOOOMMMMMMMM . . . Dann hören wir es innerlich OMOMOMOMOMOMOMO-MOMOMOM . . . Langsam kommen wir dabei in immer tiefere Entspannung und Körpervergessenheit hinein.

Jeder, der meditiert, wird merken, daß er längere Zeit braucht, um überhaupt *hineinzukommen*. Bei zu kurzen Zeiten hören wir gerade dann auf, wenn es eigentlich anfangen sollte. Wir können versuchen, einmal in einer Kurve darzustellen, wie eine Meditation abläuft.

Wir sehen, daß eine Meditation keineswegs als gerade Linie ununterbrochener Konzentration auf den Atem oder das Mantra verläuft. Es kommen *Gedanken und Bilder*, die wir als »Störungen« wahrnehmen. Wir werden »abgelenkt«. Ebenso gibt es Momente, wo wir dem *Schlaf* sehr nahekommen, eindämmern, zu dösen anfangen.

Wir wissen aus der beschriebenen »inneren Haltung«, daß wir Störungen akzeptieren, zulassen sollen. Das Ganze gehört zum Geschehen der Meditation.

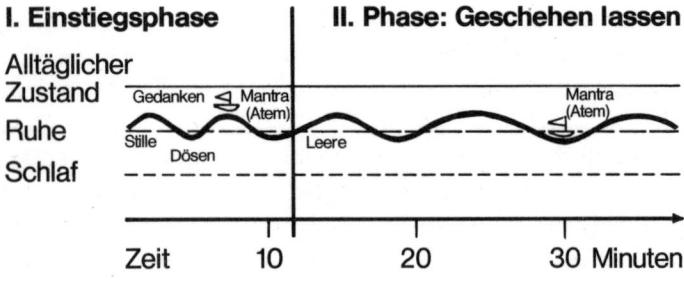

*Diagramm einer Meditation*

Wenn keine Gedanken und Bilder in der Meditation auftauchen, wäre das ebenso schlimm, als wenn wir im Schlaf keine Träume mehr hätten.

Meditation ist ja *eine merkwürdige Reise im Niemandsland zwischen Schlaf und Tagesbewußtsein.* Der Atem oder das Mantra sind das Vehikel, das Gefährt, dem wir uns anvertrauen und in dem wir die Reise machen. Zunächst müssen wir es in Gang bringen, nachher läuft es von selbst. Es gilt, dieses Fahrzeug nicht zu verlassen, damit wir nicht endgültig einschlafen oder uns von Gedanken gefangennehmen lassen. Immer, wenn ein Gedanke oder Müdigkeit kommt, wehren wir uns nicht dagegen, sondern nehmen es an wie alles, was uns in der Meditation begegnet, aber ziehen dann mit unserm Gefährt, unserm Atem oder unserm Mantra, weiter.

Wichtig ist, daß wir nach dem Hineinkommen *in der zweiten Phase* der Meditation nicht mehr am Rhythmus des Atems oder des Mantras manipulieren und kontrollieren, sondern einfach loslassen und geschehen lassen. Also nicht ständig in der Einstiegsphase bleiben und das Fahrzeug schieben, sondern einsteigen! Es läuft von selbst.

Die *Umschaltung* in einen anderen Bewußtseinszustand geschieht nicht immer in jeder Meditation und haben wir auch nicht in der Hand. Wenn sie geschieht, kommt sie plötzlich. Der Zustand wird als ein Fallen ins *Nichts* oder auch als ein *Leichtwerden, Sich-Erheben, Überwinden* der *Erdenschwere* empfunden. Seine Kennzeichen sind Distanz zu sich selbst und zu den eigenen körperlichen Vorgängen, die wie etwas Fremdes erscheinen können. »Umschaltung« ist eigentlich ein zu technischer Ausdruck und nicht ganz zutreffend, da wir den Hebel dazu nicht in der Hand haben und den Vorgang auch nicht steuern können.

91

Aber das Diagramm verdeutlicht auch, daß die Vorgänge in der Meditation Zeit brauchen. Wir sollten uns darum nicht mit zu kurzen Zeiten begnügen. Vielleicht ist es am Anfang nötig, sich eine Uhr hinzulegen oder einen Kurzzeitwecker zu stellen. Mit der Zeit funktioniert unsere innere Uhr so genau, daß wir auf einen Wecker verzichten können.

Wir können es auch machen wie die Japaner, die ein Räucherstäbchen anzünden, das erfahrungsgemäß genau eine halbe Stunde brennt. Wenn es zu Asche geworden ist, wissen wir, es ist Zeit. *Meditation braucht* aber auch *Zeit* in dem Sinn, daß sie sich nur auswirkt *als regelmäßige Übung.* Wer nur gelegentlich meditiert, kann auch nicht viel erwarten. Aber eine halbe Stunde täglich genügt, um unser Leben zu verwandeln. Wer mit einem Mantra übt, sollte die Zeit auf zwanzig Minuten beschränken. Wir können auch zweimal am Tag üben.

*Der Beginn und das Ende einer Meditation* sollten irgendwie markiert werden. Wir können es in der Weise der Zen-Mönche tun und die Hände zum Gruß zusammenlegen, *das sogenannte Gassho,* und, wenn wir wollen, uns dabei verneigen. Das ist ein Symbol der Einheit. Leib und Seele, Geist und Existenz gehören zusammen wie die aneinandergelegten Hände. Es erinnert an eine christliche Gebetshaltung, die Arme werden aber dabei waagerecht gehalten. Diese Handlung kommt aus Asien, ist aber auf der ganzen Welt weit verbreitet und setzt keinen bestimmten Glauben voraus. Sie ist auch nicht als Gebet aufzufassen, sondern ein Gruß. Sind wir mit mehreren zusammen, gilt der Gruß den andern Teilnehmern, üben wir allein, so gilt der Gruß und die Verneigung dem, der geistig für uns anwesend ist: einem *Menschen,* der uns Vorbild ist, oder *Gott* oder *Unbekannt,* wie es Graf Dürckheim für die Unreligiösen und

Suchenden formuliert. Ist uns niemand gegenwärtig, so könnten wir auch uns selbst meinen. Gute Wünsche können wir gebrauchen.

Es mag aber vollauf genügen, daß der Anfang damit markiert sei, daß wir *die Schuhe ausziehen*. Das sollten wir schon aus praktischen Gründen tun, weil sie uns beim Sitzen auf dem Boden hindern. Es kommt darin aber auch etwas wie Ehrfurcht zum Ausdruck. Ist es nicht so, daß wir uns wie Mose am Horeb auf *heiligen Boden* begeben, wenn wir meditieren? Ich würde auch empfehlen, die Schuhe auszuziehen, wenn wir auf dem Stuhl sitzen. Alles, was uns beengt oder drückt, sollten wir ablegen. Darum Schuhe aus und Gürtel lockern! Im übrigen sollten wir uns vor allen überflüssigen Zeremonien hüten, und sie sind in dem Augenblick »überflüssig«, wo sie uns »fremd« vorkommen und nicht echter Ausdruck von uns sind.

*Beim Abschluß* ist es wichtig, daß wir uns *nur langsam aus der angenommenen Haltung lösen* und nicht sofort hinausspringen ins tätige Leben. Dies gilt vor allem für längere Zeiten des Meditierens, sollten wir aber von Anfang an beachten. Wenn wir in tiefer Versunkenheit waren, kann es einen Schock für den Organismus bedeuten, wenn plötzlich das Telefon klingelt oder man angesprochen wird. Es ist wie beim Aufwachen. Wir müssen erst langsam zu uns kommen. Wir bleiben zunächst noch einige Minuten in der Meditationshaltung sitzen, hören aber auf, das Mantra zu denken oder auf den Atem zu achten. Auch die Augen sollten wir nicht plötzlich aufreißen, wir lassen sie noch geschlossen oder auf den Boden gerichtet. Dann beginnen wir langsam uns zu lösen, bewegen den Kopf etwas und öffnen blinzelnd die Augen, bewegen auch die Schultern ein wenig und nehmen als letztes die Hände auseinander, vielleicht mit einer waschenden Bewegung. Manchmal stellt man dabei fest, daß sich die Haut ganz seidig anfühlt. Tatsächlich hat sich etwas an der Haut geändert. Die Haut ist stärker aufgeladen. Zugleich tritt als Folge leicht eine Übersensibilisierung auf, weshalb man im Anschluß an die Meditation etwas behutsam mit sich umgehen sollte.

# 9.
# Der Alltag
# als Übungsfeld

## Meditation
## als regelmäßige Übung

Wie wir gezeigt haben, kommt es zu einer körperlichen
und seelischen Umschaltung bei der Meditation. Innerlich entspannt, nicht-wertend, unter Umständen die
Subjekt-Objekt-Grenze überschreitend, kann die Umschaltung im seelischen Bereich beschrieben werden. Im
körperlichen Bereich kommt es zu erheblichen Verän-
derungen: Der Hautwiderstand steigt, während andere
Körperfunktionen absinken. Das Herz-Minuten-Volu-
men sowie die Puls- und Atemfrequenz nehmen ab. Der
Körper kann mit einer geringeren Herzleistung aus-
kommen. Ebenso wird der Sauerstoffbedarf vermin-
dert, und es wird weniger Kohlensäure ausgeschieden.
Der Körper stellt sich während der Meditation auf
Sparflamme ein. (Ich beziehe mich hier auf Untersu-
chungsergebnisse, die Robert Keith Wallace 1970 in einer Doktor-Dissertation »Die physiologischen Wirkungen der Transzendentalen Meditation – Hinweise
für einen vierten Haupt-Bewußtseinszustand« mitge-
teilt hat.)

Meditation ist wohltuend und gesund, wenn darauf wieder die Aktion erfolgt, die Körper und Seele fordert. Würden wir aber den Körper ständig in dieser Schonhaltung belassen, müßte unser Herz bald gestützt werden. Die Rücknahme bewirkt auf die Dauer eine alkalische Stoffwechsellage, die z. B. die Ausgangsposition für Krebs ist, wenn wir uns nicht durch Tätigkeit wieder eine saure Stoffwechsellage schaffen.

*Meditation und Aktion gehören* also *zusammen.* Nicht umsonst wird in den Zen-Klöstern körperliche Arbeit so wichtig genommen, und auch auf den Sesshins, wo mehrere Tage sehr intensiv meditiert wird, gehört eine Stunde körperliche Arbeit zur Regel.

Wenn wir verstehen, daß Meditation eine Umschaltung ist, die für den Körper Schonung und Erholung für die Seele bedeutet, so ergibt sich als Konseqenz, daß sie nur sinnvoll ist, wenn nach der Pause wieder die gegenläufige Bewegung kommt, auf die *Meditation* die *Aktion.* Sie gehört in den Alltag hinein.

Wenn wir Meditation in unseren Alltag einbauen wollen, so müssen wir in unserem Tagesprogramm eine feste Zeit dafür finden. Denn wir müssen *eine Gewohnheit daraus machen.* Darum ist es unerläßlich, daß wir *täglich* meditieren, am besten immer wieder zur gleichen Zeit und am gleichen Ort. Wie lange sollte man meditieren? Keine Angst, daß es zuviel werden könnte! Fangen wir mit kleinen Zeiten an: ganz Ungeübte vielleicht nur fünf Minuten, und versuchen wir dann, auf zehn Minuten und eine Viertelstunde zu kommen. Das gelingt meist nach wenigen Wochen. Wir sollten später länger meditieren: mindestens zwanzig Minuten, wenn wir mit einem Mantra üben, eine halbe Stunde, wenn wir den Atem beobachten. In den Zen-Klöstern dauert eine Meditationssitzung gewöhnlich vierzig Minuten. Die besten Zeiten sind morgens vor dem Frühstück, nach

Feierabend vor dem Abendbrot oder vor dem Schlafengehen. Ein voller Bauch – das ist bekannt – studiert nicht gern, er meditiert auch nicht gern. Die Erfahrung zeigt, daß die Zeit am Morgen sich am ehesten sichern läßt, wenn vielleicht auch nur so, daß wir eine halbe Stunde eher aufstehen, während alle anderen Zeiten sich schwer regelmäßig einhalten lassen. Vor dem Schlafengehen sind wir oft zu müde zum Meditieren.

Meditieren wir morgens, sollten wir erst den Körper wecken. Sich kalt waschen oder abbrausen, manche vertragen es besser erst warm, dann kalt, auch eine sinnvolle Morgengymnastik oder ein paar Yogaübungen – das alles hilft uns, voll wach zu sein.

Die *Kleidung* sei bequem und nicht einengend. Für die Morgenmeditation könnte man einen Kimono tragen oder ein entsprechendes weites Gewand. Tragen wir es nur noch zu diesem Zweck, so bekommt es bald für uns einen »liturgischen« Charakter – ähnlich wie ein Priestergewand. Schon das Anlegen hilft uns dann, in die richtige Verfassung zu kommen. Unter Umständen genügt es auch, sich eine Decke umzulegen, unter der man sich *abgeschirmt* und *geborgen* fühlt.

*Der Raum*, in dem wir meditieren, sollte aufgeräumt sein. Auch hier macht sich wieder die Wechselwirkung von Außen und Innen geltend. Das ist ein Weg, den manche Hausfrauen mit Erfolg beschreiten: Sind sie aufgeregt und in Unordnung, so stürzen sie sich in einen Hausputz und räumen erst einmal auf. Hinterher fühlen sie sich besser und wirken heiter und eben »aufgeräumt«.

Haben wir ein Zimmer für uns, vielleicht der Raum, in dem wir auch schlafen, so richten wir uns dort *eine Meditationsecke* ein. Sie sollte etwas im Schatten liegen. Ist ein Fenster in der Nähe, so müßte eine Möglichkeit bestehen, durch Vorhänge das hereinfallende Licht zu dämpfen. Abends meditieren wir bei abgeschirmter Lampe oder bei Kerzenlicht. Grellem Licht sollten wir uns jedenfalls nicht aussetzen, auch sollten wir nicht direkt ins Licht sehen. Wir werden das sehr bald als störend empfinden.

Wie richten wir diese Ecke ein? Es genügt ein Teppich oder eine Decke, die wir auf dem Boden ausbreiten, darauf eine zweite zusammengelegt oder ein Kissen als Sitz. Es ist empfehlenswert, immer am gleichen Platz zu meditieren, einmal, um eine Gewohnheit daraus zu machen, zum andern, weil von diesem Platz dann auch etwas ausgeht. Er bekommt *Atmosphäre*. Sind wir aus irgendeinem Grund traurig oder abgekämpft, fehlt uns innerer Schwung, so sollten wir uns einen Augenblick hier hinsetzen, und wir werden spüren, wie dieser Platz, wo wir immer meditieren, etwas Tröstliches und Ermutigendes für uns hat. Man kann hier ein Bild hinhängen oder aufstellen: ein Mensch, den wir liebhaben oder der Vorbild für uns ist. Vielleicht auch ein Bild, das wir durchmeditiert haben: Es muß nicht immer eine Ferienstimmung sein. Manchmal hilft einem gerade ein Bild wie der weinende alte Mann von van Gogh.

Es sollte aus dem Meditieren eine *Gewohnheit* werden wie das Zähneputzen. Keinesfalls sollten wir es abhängig machen von Stimmungen: »Heute fühle ich mich nicht danach.« An unseren guten wie an unseren schlechten Tagen meditieren wir. Damit es eine Gewohnheit wird, sollten wir eine ständige Zeit dafür haben und, wenn es geht, auch einen ständigen Ort. So dient unser Meditationsplatz zugleich zur Erinnerung und verlockt uns zum Meditieren. Die Morgenmeditation werden wir normalerweise zu Hause halten können, ebenso evtl. auch die Abendmeditation. Aber selbst wenn wir beruflich viel unterwegs sind, müssen wir trotzdem aufs Meditieren nicht verzichten. Wozu sind Kirchen da? Und auch eine Bank im Park kann uns dazu dienen.

Wie das Kapitel über die Grundlagen der Meditation zeigt, geht es um eine Haltung. Vor und nach der Anspannung brauchen wir Entspannung, und wir brauchen Distanz, Abstand zu den Dingen, weil sie uns oft zu nahe rücken. Wir brauchen Sammlung, müssen uns einmal aus den Anforderungen, die Menschen und Dinge an uns stellen, lösen und zurücknehmen können und wieder zu uns selbst kommen. Diese Haltung haben wir bitternötig im Alltag, aber wir finden nicht mehr von selbst dazu, wir können nicht »abschalten«. Meditation ist ein Training, bei dem wir das wieder lernen.

Es gilt zunächst, einen *Entschluß* zu fassen. Machen Sie einmal drei Tage lang den Versuch mit der Meditation! Geben Sie ihr in Ihrem Kalender *eine feste Zeit*! Sie müssen um 7 Uhr 30 frühstücken und um 8 Uhr aus dem Haus gehen, also schreiben Sie auf: 7 Uhr Meditation. Das käme zeitlich hin, aber halt! Da sind die Kinder schon im Gang, und da kommen Pflichten wie das Frühstückmachen, denen Sie sich nicht entziehen können. Wählen Sie eine Zeit, wo es noch ruhig im Haus ist. Zwischen 6 und 7 Uhr sind Sie ganz ungestört. Also setzen Sie die Zeit etwas früher an.

Aber Sie müssen nicht gleich eine halbe Stunde meditieren. Fangen Sie mit kurzen Zeiten an. Machen Sie zunächst einmal nur eine Ruheübung von fünf Minuten, wie wir sie nachfolgend zeigen. Reservieren Sie sich trotzdem etwas mehr Zeit dafür, damit Sie nicht in Hetze kommen, sondern etwas von der Ruhe mit hineinnehmen in den Tag.

# Modelle für den Alltag

*Eine Ruheübung*

Bevor Sie diese Ruheübung machen, lesen Sie noch einmal aufmerksam das Kapitel über Körperhaltung (Seite 61).

Wir nehmen eine der beschriebenen Sitzhaltungen ein. Sitzen wir auf dem Stuhl, so lehnen wir uns nicht an und achten darauf, daß die Knie sich tiefer befinden als unsere Sitzfläche. Sitzen wir im Lotossitz, so setzen wir uns auf ein Kissen oder auf eine handbreit zusammengefaltete Decke. Im Fersensitz legen wir uns ein Kissen unter, solange wir diese Haltung noch nicht gewohnt sind.

Jetzt legen wir die Hände wie beschrieben wie zwei Schalen ineinander, die linke in die rechte, die Daumenspitzen berühren sich leicht. Wir richten uns auf und recken uns ein wenig. Wenn wir dann zurücksinken, sitzen wir senkrecht in den Hüften. Für einen Augenblick lassen wir den Oberkörper leicht hin und her pendeln und kreisen, bis wir meinen, richtig im Gleichgewicht zu sitzen.

Die Augen halten wir bei dieser Übung halb geöffnet, indem wir auf einen Punkt blicken, der sich je nach Sitzhöhe $1-1^{1}/_{2}$ m entfernt befindet.

Wir achten nun auf unseren Atem und konzentrieren uns dabei am besten auf die untere Region unseres Leibes, wo wir das Heben und Senken des Zwerchfells noch spüren können.

Um in die meditative Verfassung zu kommen, können wir uns zu Beginn einen der im Kapitel »Innere Haltung« empfohlenen Sätze vorsprechen: »Ich habe Zeit. Nichts stört mich.« Oder: »Ich bin ruhig und gelöst.« Oder: »Loslassen! Loslassen! In den Schultern loslassen!« Indem wir bewußt von den Schultern her entspannen, lassen wir dabei alles los, was Spannung verursacht.

Achten wir weiter auf den Atem, wie sich der Leib hebt und senkt. Beginnen wir den Atem zu zählen: Wir zählen innerlich »eins«, wenn wir ausatmen, beim nächsten Ausatmen »zwei« usw., bis wir bis zehn gezählt haben, dann beginnen wir wieder von vorn. Das Zählen kann man später weglassen, zu Anfang ist es hilfreich, um nicht überschwemmt zu werden von Gedanken und Bildern. Schweifen wir einen Moment ab, kommen uns andere Gedanken dazwischen, so kehren wir, sobald wir es bemerken, wieder zu unserem Atem zurück und zählen wieder.

Diese Übung wird uns sehr schnell zur Ruhe bringen. Schon fünf Minuten genügen, um ihre wohltuende Wirkung zu spüren. Wir werden dabei merkwürdige Erfahrungen machen. Wir wußten gar nicht, wie laut unsere Welt ist. Das vernehmen wir, wenn wir so ruhig dasitzen und das Schweigen bei uns einzieht. Ist es nicht seltsam, daß wir die Augen schließen können, die Ohren aber nicht? Ich denke noch an das Geschirrgeklapper von der Klosterküche her, das ich hörte, als ich bei meiner ersten Meditation so dasaß, ebenso das Geräusch der auf der Straße vorbeifahrenden Autos und dazwischen das Piepen und Singen der Vögel. Wir werden dabei auch entdecken, daß es Geräusche gibt, die uns fast körperlich weh tun, und andere, z. B. Naturlaute, die uns gar nicht stören.

Wir müssen aber nun mal mit Motorenlärm und Flugzeuggeräuschen leben, und das Merkwürdige bei der Meditation ist nun, daß wir den Lärm in der Welt zwar deutlicher hören, wenn wir selbst kein Geräusch machen, aber daß zugleich all diese Geräusche ferner rücken, so daß sie schließlich nur noch einen Hintergrund bilden zum Schweigen in uns.

Diese Übung kommt aus der Zen-Meditation. Wer den Zen-Weg gehen will, braucht von hier aus nur weiterzugehen, indem er diese Übung allmählich bis zu einer halben Stunden ausdehnt und sie als tägliches Exerzitium beibehält. Den anderen möchte ich diese Übung als Ruheübung empfehlen, täglich zweimal fünf Minuten vor dem Frühstück und vor dem Abendessen. Im übrigen sollten wir sie auch tagsüber anwenden, wo wir sie dringend brauchen können. Unsere Übung ist *das beste Mittel gegen Lampenfieber* und darum anzuwenden vor einem Vortrag, vor dem Auftritt auf der Bühne, vor einer Besprechung oder wichtigen Konferenz, die unsere ganze Aufmerksamkeit erfordert. Erleben wir Ruhe und sammeln wir uns, indem wir uns für einen Augenblick auf diese Weise loslassen und entspannen!

Wem die strenge, exerziermäßige Übung der Meditation nicht liegt, wem das alles zu formalistisch dünkt oder wer einen zu starken Bewegungsdrang hat, um lange stillsitzen zu können, der braucht trotzdem auf Meditation nicht zu verzichten. Die asiatischen Versenkungsmethoden gehen meist den Weg von außen nach innen, von der Haltung zum Gehalt. Es gibt aber auch den umgekehrten Weg: *Vom Gehalt zur Haltung.* Es liegt ein Gehalt in den Dingen, der sich uns *auftut* und bei uns seine Rückwirkungen hinterläßt, sichtbar als Haltung. Meditation ist keine Einbahnstraße, die nur in einer Richtung verläuft.

Das kann geschehen *beim Zuhören*. Wer kann noch recht zuhören? Wir Menschen haben heute weithin diese Fähigkeit verloren. Es kann aber geschehen, daß uns das, was uns erzählt wird, packt. Wir sind »ganz Ohr«.

Ähnliches kann geschehen *bei einer Handarbeit*, wenn man ruhig sitzt und mit seinen Händen etwas macht. Stricken, Nähen und Häkeln sind laut gesellschaftlicher Konvention leider »frauliche« Tätigkeiten. Es wäre aber gerade für die arme, geplagte, infarktverdächtige Männerwelt ganz heilsam, sich mit dem Strickstrumpf still in die Ecke zu setzen. Vielleicht findet sie eine Tätigkeit, die noch nicht als »weiblich« abgestempelt ist und ihnen als Mann besser steht: Teppichknüpfen vielleicht oder Schnitzen – aber da kommen wir schon in die kreative Meditation hinein, die wir noch besonders behandeln.

Ebenso kann man *einen Text abschreiben*, für sich oder jemand anders, und sich dabei Mühe geben, wirklich schön zu schreiben. Indem wir »ganz bei der Sache« sind, wäre das schon Meditation. Am besten, wir beginnen auf diese Weise ganz private Briefe zu schreiben.

Vom *Spaziergang* sprachen wir schon an anderer Stelle. Auch er kann zur Sammlung dienen. *Beim Reisen im Zug* könnten wir einmal ausprobieren, ob wir das noch können: statt eine Zeitung vors Gesicht zu nehmen, *einfach sitzen und schauen!* Das monotone Geräusch des fahrenden Zuges, die vorüberfliegende Landschaft – das alles kann uns sehr wohl in einen Zustand versetzen, der durchaus einer Meditation gleichkommt.

Früher hatte man noch auf dem Lande die Gepflogenheit, die *Dämmerstunde* zu *halten*. Probieren wir das einmal wieder! Erleben wir dabei den Übergang vom

Tag zur Nacht und was für merkwürdige Stimmungen und Rückwirkungen das auf uns hat!

Es wird von einem Zen-Meister berichtet, daß er eine alte Frau besuchte, die gichtgekrümmt zu Bett lag und sich kaum rühren konnte. Sie hatte keinerlei Möglichkeit, im Lotossitz die Erleuchtung zu erlangen. Der Meister riet ihr, auf das Ticken der Uhr zu *horchen*. Das tat sie und erlangte die Erleuchtung. Also auch so kommen wir zum Ziel.

Es geht darum, daß wir uns täglich *einen Freiraum* aussparen, wo »Erlebnisse ausschwingen und vertieft werden können« (Bernhard Grom). Dieses Innehalten tagsüber oder am Abend kann auf mancherlei Weise geschehen, und das Strickzeug oder die Dämmerstunde sind unter Umständen ein Weg dazu. Meditation als Versenkungstechnik (Atmen, Mantra oder Zen) hat nur einen Sinn, wenn meine Aufmerksamkeit und Erlebnisfähigkeit dadurch so verstärkt wird, daß ich auch mitten im Alltag und nicht nur in Stunden ausdrücklicher Sammlung meditieren kann.

## Achtsamkeit als Übung

Den Alltag als Übungsfeld erkennen heißt nicht, nun auf große Erlebnisse aus zu sein. Es bedeutet genau das Gegenteil: Den kleinen und unscheinbaren Tätigkeiten und Dingen Aufmerksamkeit schenken, aus denen unser Alltag zusammengesetzt ist. Voraussetzung ist, daß die *losgelöste Haltung*, die wir in der Meditation im engeren Sinn üben, mit hineingenommen wird in den Tag, so daß wir dadurch in den Stand gesetzt sind, *mitten im Tag Freude* zu haben an einem Strauß Blumen oder an ein paar Tönen Klavierspiel von nebenan. Die kleine Distanz, die Freiheit bedeutet, ermöglicht es uns, daß wir diese Dinge überhaupt sehen und hören, daß wir trotz eines vollen Terminkalenders Zeit haben dafür.

Im Buddhismus gibt es eine Übung der rechten Achtsamkeit, *Satipatthana* genannt, die noch heute gelehrt und geübt wird, vor allem bei einfachem Tun wie Gehen, Sitzen oder Essen. Sie kann in kurzer Zeit eine enorme Bewußtseinsveränderung bewirken. Vorgänge, die sonst automatisch ablaufen, werden bewußtgemacht und bewußt vollzogen. Ein Schritt z. B. wird sehr langsam ausgeführt und dabei in seine Bestandteile zerlegt: das Aufsetzen der Ferse, das Abrollen des Fußes und das Abstoßen mit den Zehen. Ich registriere jede einzelne Phase.

Auch hier geht es darum, daß wir *der Automatik entkommen.* Fangen wir mit dem *Essen* an. Wie oft läuft das automatisch ab, so daß wir hinterher gar nicht wissen, was wir gegessen haben. Ich habe bei meinem Zen-Meister wieder gelernt, das Essen zu schätzen. Während der Meditationswoche herrschte auch beim Essen strenges Stillschweigen. Man war daher nicht verpflichtet, mit seinem Nachbarn eine Unterhaltung zu führen, und konnte sich ganz aufs Essen konzentrieren, und ich muß sagen: Noch nie hat es mir so gut geschmeckt! Das einfache Mahl dünkte mir eine Leckerei sondergleichen! Also fangen wir wieder an, unser Essen zu genießen! Dann bekommt auch ein Tischspruch oder Tischgebet wieder einen Sinn. Nehmen wir uns Zeit dafür! Wir müssen nicht jede Kaubewegung registrieren oder gar zählen, aber wir sollten wirklich mit unseren Gedanken beim Essen sein. »Wenn ich esse, esse ich . . .«, pflegte unser Roshi zu sagen.

Die kleinen, unbedeutenden Tätigkeiten eignen sich besonders gut für diese Übung. Zum Beispiel den Besen nehmen (das muß ja einmal sein) und *ein Zimmer ausfegen.* Tun wir das einmal mit ganzer Aufmerksamkeit, was wir sonst vielleicht nur achtlos und halbbewußt gemacht haben, und versuchen wir, die Arbeit so gut wie möglich zu machen: *einen Fußboden scheuern oder einen Weg harken.* Gibt es eine Arbeit, die zu niedrig ist für mich? Wer bin ich, daß ich solche Arbeit verachte? Im aufmerksamen, hingegebenen Tun solcher notwendigen alltäglichen Pflichten könnten wir den Geschmack von Glück finden. Davon spüren wir etwas in einem alten Zen-Text:

> »Die täglichen Geschäfte sind sich gleich.
> Sie kommen eben, und ich mache mit.
> Eins um das andere, ohne Federlesens,
> Von Fall zu Fall, gerade oder krumm.
> Zinnober, Purpur, wer schuf Stand und Ränge?
> Die blauen Berge, die sind makelfrei.
> Wo Geist hindurchdringt, gibt es Wunderwirkung.
> Ich trage Wasser, schleppe Brennholz her.«

Wir gehen durch *unsere Straße.* Wir haben sie tausendmal gesehen, und es ist doch, als sehen wir sie zum erstenmal. Wo haben wir immer unsere Augen gehabt, daß uns nie die architektonische Linie aufgefallen ist, die geschwungenen Giebel, die schmiedeeisernen Balkons, die an Italien erinnern? Denken wir daran, wenn wir morgen früh aus dem Haus gehen.

Oder plötzlich geht uns auf, was *ein Baum* bedeutet. Der Baum vor unserm Haus: wie erquickend, an einem heißen Sommertag seinen Schatten zu genießen! Etwas Erquickendes, Lebenspendendes geht von ihm aus, gerade in der Großstadt, zugleich haben wir mit ihm eine kleine Beziehung zur Natur, zum Lande, wo in den Wäldern seine Artgenossen stehen. Unser Blick umfaßt ihn liebevoll wie ein lebendiges Wesen und geht an ihm entlang vom Wipfel bis auf den Boden, wo seine Wurzeln sichtbar werden, die tief hinunterreichen ins Erdreich.

Versuchen wir, *unsere Beziehung zum Boden* herauszufinden. Wie ist uns zumute, wenn wir uns draußen im Freien auf den Rasen setzen? Haben wir Hemmungen: »Was werden die Leute sagen?« Oder kommt uns vielleicht das mütterliche Verbot in den Sinn? Haben wir Angst, uns schmutzig zu machen? Haben wir uns je der Länge nach draußen auf einer Wiese einmal hingelegt und in den Himmel geschaut? Tun wir es einmal! Spüren wir den Boden unter unserm Rücken? Unter den Beinen und Armen, unter dem Hinterkopf? Spüren wir seine Erhebungen, die Unebenheiten, die Grasnarbe und da, wo kein Gras mehr ist: die harte Erde? Fühlen wir mit unserer Hand über den Boden? Ist er uns etwas Fremdes oder Vertrautes? Überlassen wir uns gern dem Boden, oder haben wir Angst, daß sich plötzlich die Erde auftut und wir in Abgründe fallen? Versuchen wir, immer wieder auf neue Weise in Kontakt mit der Erde zu kommen, lassen wir uns hin und her rollen, wie wir es als Kinder taten, so daß wir mal auf dem Bauch, mal auf der Seite und dann wieder auf dem Rücken liegen. Es kann sein, daß sich unsere Beziehung zur Erde verändert hat, wenn wir wieder aufstehen, und daß wir eine ganze Menge mehr über uns selbst wissen.

Für die folgende Übung können wir auf dem Boden liegenbleiben oder uns bequem, aber aufrecht hinsetzen. *Nehmen wir einen Stein in die Hand.* Ist er warm oder kalt? Wir entdecken bald, daß sich seine Kälte oder Wärme auf unsere Hand überträgt. Wenn wir ihn nach einer Weile wieder loslassen, ist es uns, als ob wir seine Form, seine Temperatur und seine glatte Fläche noch eine Weile spüren.

Man kann eine ähnliche Übung *mit einem Tennisball* machen. Nehmen wir ihn in die Hand und tasten wir seine Oberfläche ab, seine Rundlichkeit. Das ist ein Gefühl völlig anderer Art, als wenn wir einen Stein abtasten. Dieses geschlossene runde Ganze, das in unserer Hand ruht, ruft in uns ein behagliches Gefühl hervor. Die Bewegungen unserer Finger werden streichelnd und zärtlich. Nehmen wir ihn einen Augenblick in die andere Hand und achten wir darauf, wie er sich da anfühlt, und geben ihn dann zurück. Wenn wir ihn schließlich beiseite legen, so ist es uns, als hätten wir etwas von seiner filzigen Oberfläche noch an unserer Haut. Merkwürdig, irgendwie ist die Hand, die mit dem Stein und mit dem Ball geübt hat, offener und präsenter geworden als die andere. Auch empfindsamer. Jemand, dem ich diese Hand gebe oder den ich damit streichele, müßte das eigentlich spüren.

Man könnte *die Hand meditieren*. Weiß ich, wie meine Hand aussieht? Kann ich sie mir vorstellen, ohne daß ich sie ansehe? Sonst sollte ich sie mir einmal genau anschauen. Kenne ich die Hand meiner Frau, meines Kindes? Ist die Hand mein Werkzeug, oder bin ich meine Hand? Was kann die Hand alles? Festhalten und loslassen, weh tun und zärtlich sein. Meine Hand hat eine Außen- und eine Innenseite. Die Innenseite ist geöffnet. Wenn ich meine Hände in der Meditationshaltung wie eine Schale halte, bin ich geöffnet. Ebenso wenn ich einem Menschen die Hand reiche.

Während ich mit meinem Kind Hand in Hand gehe, spüre ich das Ewige des Augenblicks. Nur eine kurze Zeit habe ich es so an der Hand. Wie schnell vergehen die Jahre! Aber in diesem Augenblick ist Ewigkeit. Ich erlebe ganz intensiv, wie seine kleine warme Hand in meiner Hand ruht, und das, was uns verbindet. – Es ist auch etwas in meinem Leben, das wie ein Kind ist: Es gibt so vieles Unerschlossene in mir, was noch wachsen und reifen und sich verwirklichen möchte. Das Kind ist für mein eigenes Leben ein Zeichen der Hoffnung und zugleich Gegenwart: seine Hand in meiner Hand.

Das sind *Höhepunkte*, die wir erfahren, wo sich uns der Lebenssinn erschließt. Ebenso gibt es *Tiefpunkte*, wo wir ähnlich dem Sinn des Lebens nahekommen, wenn wir gelernt haben, sie anzunehmen und zu meditieren, anstatt mit Tabletten oder Alkohol eine solche Tiefpunkterfahrung zu umgehen. Was immer den Tiefpunkt herbeigeführt hat: ein Todesfall, Krankheit, eine finanzielle Misere, innere Unordnung, Unvermögen und Versagen, er hat Signalcharakter für meine innere Entwicklung und birgt eine Chance.

Hierbei können *Text- und Bildmeditationen* helfen, denn die Texte und Bilder umgeben uns im Alltag. Wichtig ist, daß sie im entscheidenden Moment zu uns sprechen. Auch hier gehen wir den umgekehrten Weg: Vom Gehalt zur Haltung. Trotzdem könnte Ausgangspunkt die beschriebene Ruheübung (Seite 100) sein, wodurch wir viel bereiter sind, die Dinge aufzunehmen.


### Bild-Meditation

Die meditierende Betrachtung eines Bildes setzt kein kunsthistorisches Wissen voraus. Weiß ich etwas über den Künstler, verstehe ich auch etwas von dem handwerklichen Kampf mit dem Material, so kann ich dieses Wissen natürlich in die Meditation mit einbringen. Es wird mir bei der Betrachtung gegenwärtig sein.

In unserem Fall handelt es sich um eine Holzplastik von Ernst Barlach. Sie befindet sich in der Hamburger Kunsthalle. Aus der Biographie des Künstlers ist bekannt, daß seine Bilder und Plastiken unter den Nazis als »entartete Kunst« galten und er ein sehr schweres Leben hatte, auch ein schwieriges Verhältnis zur Kirche.

Weiß ich dies, so kann ich es mir jetzt vor Augen halten.

Hier ist einer am Tiefpunkt, bewegungsunfähig gemacht, Hände und Hals eingeschlossen in diesen Stock, der Schande preisgegeben. Jeder kann seine demütigende Lage sehen.

Was hat ihn an den Pranger, in den Stock gebracht? Hat er's wohl selbst verschuldet? Bin ich in einer ähnli-

*Holzplastik von Ernst Barlach (1870–1938):*
*Der Mann im Stock, 1918.*

chen Lage? Und wenn ja: Wovor habe ich Angst? Was ist für mich das Beschämende, das Beengende, das Erzwungene?

Fühle ich mich auch so eingeschlossen – in meiner Ehe, in meinen Familienverhältnissen, in meiner beruflichen Situation, in meiner finanziellen Lage, in meiner inneren Situation?

Die aufgestemmten Füße könnten darauf hindeuten, daß er nur gezwungenermaßen so sitzt. Er möchte am liebsten aufspringen, sich wehren – ich auch.

Aber warum schaut er nach oben? Um sein Gesicht nicht den Spöttern zuzuwenden, die ihn anspucken? Oder erwartet er noch etwas? Gibt's da noch Hoffnung im Stock? Gibt's jemand, der mich so sieht – und nicht verlacht? Ein Mensch fällt mir ein, der zu mir hält.

Der Mann wird nicht ewig im Stock bleiben. Irgendwann, vielleicht morgen, schließt man ihm auf, nimmt man ihm dieses demütigende Holz ab.

Je länger ich das Gesicht anschaue, je mehr verstehe ich: der schimpft nicht, der wehrt sich auch nicht. Hat er sich ergeben, gefügt, sein Schicksal angenommen? Kleine Vögelchen schauen so, die aus dem Nest gefallen sind: so hilflos und doch alles »von oben« erwartend. – Ein menschliches Gesicht, menschliches Sehnen. Etwas kann man ihm nicht nehmen: sein Menschsein – und damit die Hoffnung.

Ich betrachte die Figur noch einmal und sehe: Es ist ein merkwürdiger Zug nach oben darin, angefangen von den aufgestemmten Beinen mit den nach oben ragenden Knien bis zu den ins Brett eingeschlossenen Händen und diesem nach oben gewendeten Kopf. Selbst die Ärmelöffnungen, die doch eigentlich zurückfallen müßten, blicken nach oben. Zunächst könnte es ein Zug sein, den dieses Marterbrett ausübt. Aber dann hat dieses Brett noch einen anderen Sinn – nicht nur Strafe. Das Brett ist der Schicksalszwang, gleichsam im Dienst eines Höheren, der den Mann zwingt, nach oben zu blicken, über sich selbst hinaus, in die Richtung, von wo uns Hilfe kommt.

Eine andere Plastik von Barlach, die ich gern betrachte, befindet sich ebenfalls in der Hamburger Kunsthalle. Es gibt von ihr mehrere Ausführungen aus verschiedenem Material, die in der Hamburger Kunsthalle ist ein Bronzeguß von 1928: »*Der singende Mann.*«

Man könnte sie sich auf einem Höhepunkt, wenn man seiner Kraft sicher ist, einmal vornehmen, denn sie enthält eine leichte Infragestellung. Der »Singende Mann« ist nicht nur vom Material her etwas zu »geleckt«. Er ist auch ein klein wenig eitel. Er weiß, daß er singen kann, und wenn er vielleicht auch für sich allein singt, so singt er doch so, als hörte man ihm zu.

Ins Positive gewendet: Er gibt sich Mühe, so gut zu singen, wie er kann. Die geschlossenen Augen zeigen es mir, daß er ganz bei der Sache ist, bei seinem Lied. Da kommt mir der Gedanke: Jeder hat sein Lied, seinen Beitrag, den er, und vielleicht nur er, geben kann.

Zu verschiedenen Zeiten sagen uns die Bilder auch verschiedenes. Es gibt Zeiten, wo ich gehemmt und ganz in mich verschlossen bin. Da mag es sein, daß mir aufgeht, wenn ich auf das Bild schaue:

Die Freude muß heraus, will zum Ausdruck kommen. Eine Lerche habe ich einmal im Frühling beobachtet, die über den Feldern immer höher und höher stieg und jubilierte. Daseinsfreude!

Es gibt aber auch das Lied, das man im Dunkeln singt, aller Furcht und Angst zum Trotz.

Das peinliche Vorsingen in der Schule fällt mir ein. Was für Hemmungen hatte man, seine Stimme preiszugeben! Ist es so, daß wir im Singen etwas von uns selbst preisgeben, uns loslassen?

Der singende Mann verführt mich zum Singen.

Das waren zwei Beispiele einer meditierenden Bildbetrachtung. Hier noch einige allgemeine Regeln: Eigentlich soll das Bild ohne unser Zutun uns packen. Aber solchen, die systematisch vorgehen wollen, sei geraten, in einer Spirale von außen nach innen zu gehen, wobei wir zunächst das Bild im ganzen auf uns wirken lassen und uns dann Einzelheiten zuwenden. Oder umgekehrt: von innen beginnend, in einer kreisförmigen Bewegung, entgegen dem Uhrzeiger, das Bild abtasten, bis wir es ganz erfaßt haben, und dann wieder zum Mittelpunkt zurückkehren.

*Bronzeplastik von Ernst Barlach:*
*Singender Mann (1928)*

Für die Meditation eines Textes ist vor allem *der Aphorismus* geeignet, ein kurzer Ausspruch mit zugespitzter Formulierung. Beispiel: »Wer singen und lachen kann, erschreckt sein Unglück.« Es gibt Bücher, die eine solche Sammlung enthalten. Viel besser ist es, wenn wir uns eine eigene Aphorismensammlung anlegen, in die wir solche Sätze aus unseren Büchern als Lesefrüchte einbringen. Wir können sie in ein Oktavheft schreiben oder uns eine Kartei anlegen, die wir nach Themen ordnen.

Wer mit der Bibel meditieren möchte, sollte sich auch an die Regel halten: *Nur einen Satz.* Text-Meditation ist keine Textauslegung! Das kann vorangehen wie bei einer Bildbetrachtung eine kunsthistorische Einleitung und mit eingebracht werden in die Meditation. Aber während der Meditation beschäftigen wir uns nicht mit Auslegungsfragen, wie überhaupt das analytische Vorgehen dem meditativen völlig entgegengesetzt ist. Ein Wort, das uns vertraut ist, wird sich uns leichter auftun in der Meditation als ein Wort, das uns fremd ist und mit dem wir noch keinen Umgang gehabt haben.

Wir wählen als Beispiel das Jesus-Wort: »Wer an mich glaubt, wie die Schrift sagt, von des Leibe werden Ströme lebendigen Wassers fließen.« (Johannes-Evangelium, Kap. 7, Vers 38). Wir müssen bei Texten wieder *die Bilder entdecken.* Hier ist ein Bild: Ströme lebendigen Wassers. Lebendig = sprudelnd, frisch. Quellwasser, nicht totes, abgestandenes Wasser. Ich erinnere mich an einen Brunnen, an dem ich mich an einem heißen Sommertag gelabt habe. Sprudelndes, frisches Bergwasser fällt mir ein, das wir auf einer Bergtour in der Höhe fanden. Das Rauschen von Wasserfällen höre

114

ich. Ich denke an die Bedeutung des Wassers, ohne das es kein Leben gibt. *Ich höre* immer noch *das Wasser rauschen und sprudeln, sehe den Brunnen.* Nun wende ich mich wieder dem Text zu und betrachte ihn von allen Seiten. »Wer an mich glaubt . . .« Ich kann nicht in einer Atmosphäre des Mißtrauens leben. – »Auf Treu und Glauben . . .« Ich brauche das freundschaftliche Vertrauen der Menschen, die zu mir gehören. Ebenso möchte ich anderen Vertrauen schenken. Aber ich bin auch schon enttäuscht worden. Hier wirbt einer um mein Vertrauen. Würde ich mich ihm anvertrauen? Ist er mir schon lieb und vertraut? »Wer an mich glaubt, von des Leibe werden Ströme lebendigen Wassers fließen.« Offenbar wirkt sich die Beziehung zu Christus bis in den Leib hinein aus. Menschen fallen mir ein, die für mich »erfrischend« waren. Gläubige Menschen öffnen sich Christus und schöpfen dort Kraft. Sie werden zum Brunnen und erquicken andere. Bin ich eigentlich so? Ein Brunnen – durchlässig –, der das Wasser weitergibt, oder halte ich mich zurück?

Man muß nicht fertig werden wollen. Es genügt, wenn wir bei einem aufklingenden Gedanken verweilen. Der Text kann uns noch am nächsten Tag und die ganze Woche weiterbeschäftigen.

Wir können solche Meditationen weiterführen, indem wir uns nur noch auf *ein Wort* konzentrieren, das wir dann mit dem Atem verbinden. In unserer Meditation z. B. war das Schlüsselwort *Vertrauen.* Wir denken jetzt nicht mehr über das Wort nach, sondern wir konzentrieren uns auf das, was das Wort ausstrahlt: *Vertrauen!* Wir spüren: Das Wort ist mit Kraft geladen. Was wir geben können, haben wir. Wir denken beim Einatmen: *Ich kann . . .,* beim Ausatmen denken wir: *Vertrauen.* Bei jedem Atemzug kommt das Wort *Vertrauen* wieder. Wir konzentrieren uns ganz auf die *Kraft des Vertrauens.* Ich atme ein – *ich kann* – und atme aus: *vertrauen.* In der Pause nach dem Ausatmen lassen wir uns in dieses Vertrauen sinken, so daß sich alle Spannungen bei uns lösen: *Ich kann – vertrauen.*

Solche Übung kann einmünden in den Namen *Jesus Christus.* Im *Mantra-Yoga* ist die Vergegenwärtigung des Gottesnamens eine der wichtigsten Übungen. Zugleich sind wir hier beim Herzensgebet des russischen Pilgers. Bei jedem Einatmen denken wir liebend, vertrauend: *Jesus* und öffnen uns ihm. Bei jedem Ausatmen denken wir: *Christus* und strahlen Vertrauen aus in unsere Umwelt.

Es versteht sich von selbst, daß diese Übung, die eigentlich eine *christliche* Mantra-Meditation ist, nur Sinn hat und vorgenommen werden darf, wenn sie meinem inneren Weg entspricht und ich mich damit identifizieren kann. Anderenfalls würden vorhandene Spannungen nicht abklingen, sondern noch eine Steigerung erfahren.

In jedem Fall wäre es gut, diese sehr wirksame Übung, die tiefgreifend das Bewußtsein verändert, durch die Ruheübung (Seite 100) vorzubereiten. Statt unseren Atem weiter zu zählen, verbinden wir dann Atem und Wort: *Ich kann – vertrauen.* Durch die ständige rhythmische Wiederholung kann mir diese Übung sehr schnell helfen, mich zu beruhigen und zu besinnen, wenn ich erregt und durcheinander bin. Ich kann sie überall durchführen: unterwegs im Omnibus, in der U-Bahn oder Straßenbahn, während einer kurzen Arbeitspause, beim Händewaschen oder beim Anstehen und Warten in der Schlange. Jederzeit kann ich mir mitten in der Unruhe des Alltags vergegenwärtigen: *Ich kann – vertrauen.*

Andere Worte, die für eine solche Bewußtseinsübung geeignet sind: *Ruhe, Friede, Liebe, Wahrheit, Verste-*

116

*hen, Güte* usw. (Anneliese Harf bietet weitere Übungen ähnlicher Art in: Josef Fuchs – Anneliese Harf, Meditieren im Alltag.) Sagen Sie aber nie: »Ich habe – Ruhe, Frieden« usw., sondern immer: »*Ich bin – Ruhe . . . Ich bin Friede . . .*« oder: »*Ich kann verstehen, ich kann vertrauen.*« Friede, Ruhe, Vertrauen hat man nicht wie ein Auto. Man ist es, oder man ist es nicht. Es geht hier um unser Sein, um unsere Existenz.

Auch *Träume* gehören zu den Texten, die man meditieren kann. Wenn wir anfangen zu meditieren, fangen wir auch wieder an zu träumen, und darunter kann ein »großer« Traum sein, ein solcher, der uns die eigene Existenz erhellt und darum es wert ist, meditiert zu werden.

Beim Traum handelt es sich immer um einen verschlüsselten Text. Wenn wir ihn meditieren, d. h. unserem Traum in der entspannten körperlichen und nichtwertenden inneren Haltung begegnen, kann es sein, daß uns Einfälle dazu kommen, darunter auch Gedanken, die scheinbar mit dem Traum nichts zu tun haben. Sie sind der Code, der uns hilft, den Text zu entschlüsseln, das Wörterbuch, das uns die Bedeutung der Vokabeln liefert, so daß wir den Traum übersetzen und verstehen können. Nur unsere eigenen Einfälle haben dabei Wert. Niemand anders kann uns sagen, was unser Traum für uns bedeutet.

Beispiel: »Ich träumte, daß mein kleiner Sohn mit einem Karton spielte und plötzlich in eine offne Kellerluke fiel. Ich wollte ihm nach hinunter, und meine Frau begleitete mich. Es war ein runder Turm oder Schacht. Ich mußte senkrecht hinunter in die Tiefe steigen auf Stufen ohne Geländer. Es dauerte lange, bis ich unten ankam. Unten lag das Kind in eine Decke gehüllt, und es hieß, es schliefe. Es waren fremde Leute da, die mich mit Beschlag belegten. Ich wollte mich eigentlich viel lieber um mein Kind kümmern, machte mir Sorgen und meinte, man müßte doch einen Doktor holen oder es zu einem Doktor bringen. Aber es hieß immer wieder – waren es die Leute, mit denen ich am Tisch saß, die mir das sagten? –, er schliefe, und ich sollte ihn in Ruhe lassen.«

Der Code: Ich hänge an dem Jungen sehr. Das Schlimmste, was mir passieren könnte, wäre, wenn dem Jungen etwas zustößt.

Als der Junge geboren werden sollte, begann ich mit den Meditationsübungen bei meinem japanischen Zen-Meister. Meine Frau ließ mich auf diesem Weg nicht allein, sondern machte mit.

Plötzlich verstehe ich meinen Traum: Der Schacht, durch den ich hinabsteige in die Tiefe, bedeutet Meditation. Das Kind, das hineingefallen ist und unten liegt, bin ich selbst. Hinunter zu meinem Selbst kann ich nur durch Meditation. Offenbar ist es auch riskant, in die Tiefe zu steigen »auf Stufen ohne Geländer«, und es gibt Leute, die mich davon abhalten wollen. Meditation heißt wohl auch, sich um sich selbst kümmern. Ich empfinde es im Traum aber auch wieder als hilfreich und tröstlich, daß da andere Menschen sind, denn ich kann das Kind nicht allein bergen, und auf die große, bange Frage, ob das Kind tot ist oder nur schläft, wird mir zweimal versichert, es schliefe. Solange noch Leben in dem Kind ist, ist noch Hoffnung. Und ich empfinde: Das Leben ist das große Geheimnis. Ich habe das Leben nicht aus mir selbst, es widerfährt mir, es lebt in mir. Das Erwachen dieses schlafenden Kindes habe ich nicht in der Hand. Ich soll es in Ruhe lassen. Aber was würde sein Erwachen bedeuten? Ich denke an Erleuchtung, Erwachen zum Eigentlichen. Wesentlich werden. Ich bin noch nicht soweit, aber dieser Traum bestärkt mich, auf dem Weg der Meditation weiterzugehen.

Solche besonderen Träume sollte man notieren, auch die Einfälle und Gedanken, die während der Meditation kommen. So können sie einem ein Stück weiterhelfen.

Als allgemeine Regel für die Textmeditation gilt: Den Text vorher auswählen, so daß die Meditation nicht mit dem Suchen beginnt. Wenn wir den Satz, den wir am nächsten Tag meditieren wollen, vor dem Einschlafen uns schon einmal vergegenwärtigen, kann er ins Unbewußte einsinken und dort keimen, was unserer Meditation zugute kommt. Bildhafte Vorstellung ist wichtig, darum die Bilder entdecken, die der Text – manchmal verborgen – enthält. Alle Sinne sind dabei beteiligt, also nicht nur sehen, sondern auch hören, evtl. riechen und schmecken! Dann den Text von allen Seiten betrachten. Gedanken dazu kommen lassen. Bei einem von ihnen verweilen.

Unter Umständen im Anschluß (oder auch unabhängig davon) Konzentration auf ein Wort in Verbindung mit dem Atem als Bewußtseinsübung. Das Wort sollte einen positiven Inhalt haben. Besonders eignet sich dazu das Schlüsselwort einer Textmeditation, das nicht unbedingt im Text vorkommen muß, aber während der Meditation auftaucht und mir den Text *aufschließt*. In unserem Beispiel das Wort *Vertrauen*.

Ein meditiertes Bild sollte man möglichst besitzen, als Postkarte wenigstens. Wir können es auf den Schreibtisch stellen, so daß wir es bei der Arbeit sehen, oder es könnte seinen Platz im Schlafzimmer finden oder in der Meditationsecke. Ebenso können wir es mit meditierten Texten machen, die wir in Schönschrift auf eine Karte schreiben. Wir werden erleben, wie im Umgang mit ihm sich uns der Text oder das Bild immer weiter aufschließt.

Von Bildern und Texten, mit denen wir schon leben, können wir uns dann aufmachen, um neuen Bildern und neuen Texten zu begegnen. Aber nicht zuviel auf einmal! Ich würde z.B. empfehlen, sich bei einem Museumsbesuch nur ein Bild vorzunehmen und das zu meditieren. Wozu sind Museen da? Wenn Sie zu einer günstigen Zeit kommen, stört Sie dort niemand. Der Kopf will zwar das Vielerlei und sucht immer Abwechslung und Neues, »das Herz aber will immer dasselbe«.

## Musik-Meditation

*Beim Hören von Musik* ist es ähnlich. Es geht beim Meditationsvorgang um eine Ebene, die jedermann zugänglich ist, wo ich dem, was in der Musik auf mich zukommt, ursprünglich und unmittelbar begegne. Es sind darum keine musiktheoretischen Kenntnisse dafür erforderlich. Ich muß dazu weder Noten kennen noch ein Instrument spielen.

Der *Bolero von Ravel* ist ein gutes Beispiel. Eine Melodie packt uns, löst etwas in uns aus. Durch die ständige Wiederholung des gleichen Motivs und die starke Rhythmik geraten wir mit der Zeit in eine Art Trance hinein. Wenn das Orchester schon längst verstummt ist, klingt die Musik noch lange in uns nach.

Es muß nicht japanische oder indische Tempelmusik sein. *Johann Sebastian Bach* eignet sich hervorragend zum Meditieren. Ich erinnere mich, wie ich während des Krieges Bach spielen hörte und mir dabei eine neue Welt aufging. Es war schon die Zeit der nächtlichen Fliegeralarme, wo das Leben täglich gefährdet war. Der uns Bach vortrug, war ein merkwürdiges Original, ein kleiner Mann, der wie ein Landstreicher wirkte. Er trug seine Habseligkeiten in einem Rucksack bei sich, reiste von Ort zu Ort und sah es als seine Mission an, Bach zu interpretieren. Er verzichtete bewußt auf jede Konzertsaal-Atmosphäre, setzte sich an den Flügel und spielte zunächst nur einige Akkorde. Dann brach er ab und gab uns Erläuterungen zu dem Stück, spielte einzelne Passagen vor und erklärte sie, bis er dann schließlich das Stück im Zusammenhang spielte. Es war für mich das erste Mal, daß ich einen Künstler erlebte, der bei den Zuhörern nicht schon alles voraussetze und es nicht verachtete, ihnen Wege zum rechten Zuhören zu zeigen, wofür ich ihm als junger Mann sehr dankbar war. Er verfuhr so den ganzen Abend, und ich habe damals die Präludien und Fugen, die er uns erklärte und dann vorspielte, als Ausdruck reiner Freude verstanden. Der Horizont wurde weit, der Himmel wurde sichtbar. Als vom letzten Stück der letzte Akkord verklungen war, sprang er auf, ergriff seinen Rucksack, Mantel und Stock und eilte davon, um jeden Beifall zu vermeiden. Ich habe ihn nie wiedergesehen, aber mir ist dieses Erlebnis unvergeßlich geblieben. Bach kann ungemein trösten in Zeiten, wo wir unten sind. Er führt einen zum Einklang mit sich selbst, zur Harmonie, und läßt einen mitschwingen in Dankbarkeit und Freude.

Hier noch eine Abwandlung der Wort-Meditation, wobei wir uns auf *eine Tonfolge, verbunden mit Worten*, konzentrieren. Beispiel: Ich könnte im Anschluß an die Text-Meditation ein kleines Stück aus einem Lied wählen, und zwar wähle ich die Stelle

»*dir uns lassen ganz und gar . . .*«

aus dem Lied »*Gott der Vater wohn uns bei*« (Ev. Kirchengesangbuch 109). Die Melodie stammt aus dem 14. Jahrhundert, der Text nach einer deutschen Litanei (15. Jahrhundert) ist von Martin Luther. Es ist eine ganz einfache Tonfolge: *c d e e c d e*. Erst summe ich nur die Melodie, dann singe ich leise die Worte vor mich hin:

121

»dir uns lassen ganz und gar . . .« Nur diese paar Takte, immer wieder. Mit jedem Ausatmen singe ich: »Dir uns lassen ganz und gar!« In der Pause vor dem Einatmen horche ich den Tönen und Worten nach – und *lasse mich ganz los.*

Natürlich gibt es viele andere Möglichkeiten. Für solche Art der Bewußtseinsübung eignen sich gut Stücke aus der Liturgie, z. B. das griechische »*Kyrie eleison*«. Man kann auch eine eigene Tonfolge erfinden oder sich auf einen einzigen Ton konzentrieren, den wir immer wiederholen, z. B. OM. Aber Vorsicht! Ohne Meditationslehrer sollten wir nicht mit einem Mantra praktizieren.

### Meditation durch kreatives Tun

Meditation und Kreativität bedingen einander. Das eine wird durch das andere gefördert. Ohne Meditation, d. h. eine Technik des Umschaltens des Bewußtseins, ist ein kreativer Prozeß überhaupt nicht möglich, der erst in Gang kommen kann, wenn die Wächter des Intellekts von den Toren zum Unbewußten abgezogen sind und es zu ungehinderter Kommunikation mit der eigenen Innenwelt kommen kann. Kreativ sein ist darum auch ein Weg der Meditation. Hier sei nur auf Möglichkeiten aufmerksam gemacht. Ein weites Feld bietet sich, wo jeder eine ihm entsprechende schöpferische Tätigkeit finden kann.

*Singen und Musizieren.* Ich zeigte bei der Wort-und-Musik-Meditation (Seite 121), wie eine kleine Tonfolge, die wir immer wieder vor uns hin summen oder singen, zu einem Mantra werden kann, mit dem wir mitschwingen. Haben wir keine Scheu vor der eigenen Stimme! Probieren wir das einmal! Singen ist ungemein

122

wirksam. Man kann sich buchstäblich etwas vom Leibe singen. Bei langen Autofahrten habe ich immer gern dieses Mittel angewandt und lauthals mit meiner Familie gesungen – alle Lieder, die wir kannten. Das hielt uns wach und bei guter Stimmung! Und wie ist es mit dem Musizieren? Ich habe nach mißglückten Versuchen mit der Musik in meiner Kindheit mir als Student einen Musiklehrer genommen, um wenigstens noch ein Instrument spielen zu lernen, und habe mir aus praktischen und pekuniären Gründen die Blockflöte ausgesucht, mit der ich heute noch viel Spaß habe. Ein einfaches Instrument kann jeder in jedem Alter noch lernen. Man kann auch mit Glocken, Gongs und Xylophon sehr schöne klangliche Experimente machen. Solch ein Instrument führt auch in die Gemeinschaft hinein, zum gemeinsamen Musizieren mit anderen oder, wenn ich an die Stimme denke als Instrument, zum Singen im Chor.

*Tanz und Bewegung.* Von der Musik ist man sehr schnell bei der Bewegung und dem Tanz. Der *Bolero von Ravel* läßt einen kaum stillsitzen. Die modernen Tänze gewähren einem mehr Freiheit, das ist das Gute daran, sich selbst auszudrücken. Man kann sich loslassen beim Tanz, und niemand wird daran Anstoß nehmen, wenn wir mit unserem Partner Figuren probieren, wie sie uns gerade einfallen. Tun wir einmal etwas, was wir zuletzt vielleicht als Kind getan haben: für sich im Zimmer herumtanzen, um Lebensmut und Freude zum Ausdruck zu bringen. Eine Übung, die man einmal machen kann, wenn man allein im Zimmer ist, oder auch zusammen mit einem Partner, mit dem man sich gut versteht: Still stehen und dann selbst Bewegungen finden, die mein Offensein, meine Sehnsucht, auch meine Verbundenheit mit allen anderen zum Ausdruck bringen.

*Kleben, Zeichnen, Malen, Formen.* Mit Papierabfällen kann man eine ganze Menge zuwege bringen. Versuchen wir eine Collage, indem wir uns aus alten Zeitungen und Zeitschriften Bilder und Worte ausschneiden, die wir dann auf unserem Bild in eine neue Beziehung zueinander setzen. Durchs Zeichnen lernen wir, richtig zu sehen. Wenn wir den Zeichenstift zur Hand nehmen und geduldig ein Blatt abzeichnen, nehmen wir vielleicht zum erstenmal richtig wahr, wie dieses Blatt geformt ist. Ein junges Mädchen, das in meinen Meditationskreis kommt, nahm auf einer Israelreise einen Skizzenblock mit, um sich, wie sie sagte, besser einzuleben in dieses Land und seine Landschaft. Was sie von dieser Reise mitbrachte und uns dann zeigte, hat uns mehr beeindruckt als Fotos: Bäume, Umrisse von Häusern, Pflanzen und Steine in der Wüste. Fürs Malen sind wasserlösliche Farben und breite Pinsel (oder Fingerfarben) das beste Handwerkszeug. Es sollen nicht gleich Meisterwerke entstehen, die Farbe soll uns zum Ausdruck verhelfen. Das gilt auch für das Formen mit Ton und Lehm. Ganz ohne Anleitung wird es hier nicht gehen. Fachleute als Begleiter sind darum als Hilfe nicht zu verachten.

Das *Blumenstecken* sei der Vollständigkeit halber hier noch erwähnt, das zweifellos zur kreativen Meditation gehört ebenso wie das *Blumenziehen* und *-pflegen.* Wir müssen uns dabei nicht nach klassischen japanischen Regeln richten. Finden wir selbst immer wieder neue Zusammenstellungen von Blumen und Gräsern und suchen wir dazu die passende Vase oder Schale aus. Als Faustregel kann man sagen: Je sparsamer wir mit den Blumen sind, desto wirkungsvoller ist das Arrangement. In der Beschränkung zeigt sich auch hier der Meister. Da es darüber genügend Spezialliteratur gibt, ist es nicht nötig, hier darauf näher einzugehen.

*Schreiben und Erzählen.* Wiederum sollte der Ehrgeiz ausgeschaltet sein. Es geht nicht um ein literarisches Kunstwerk. Aber es kann viel Freude und Befriedigung schenken, wenn einer mal beginnt, *Reiseerlebnisse* zu notieren und sie vielleicht auch mit Ansichtskarten, Fotos oder eigenen Skizzen zu illustrieren. Das führt ihn dazu, das Geschehen nicht einfach an sich ablaufen zu lassen, sondern dabei zu verweilen, das Erlebte noch einmal »wiederzukäuen«, und das wäre schon Meditation! Auch ein ganz *persönliches Tagebuch* könnte uns helfen, bewußter zu leben. Wir könnten es auch für eine schriftliche Voraus- und Rückmeditation des Tages verwenden. Vielleicht wagen wir uns auch einmal daran, *eine Geschichte aufzuschreiben.* Mancher steckt voll von Geschichten. Warum sie nicht Gestalt werden lassen? Auch manches persönlich Erlebte und Erfahrene muß man sich mal »von der Seele« schreiben! Weniger aufwendig ist es, eine Geschichte zu *erzählen,* ob wir sie nun selbst erfinden oder nacherzählen. Auch Selbsterlebtes, das wir berichten, gehört hierher. Kinder sind ein dankbares Publikum, aber auch Erwachsene hören gern zu. Durch das Erzählen entsteht ein Kontakt mit den Zuhörern, deren unmittelbare Reaktion wir zu spüren bekommen. Das gleiche gilt fürs Vorlesen. *Vorlesen* ist eine Kunst, die heutzutage wieder neu entdeckt wird. Es ist etwas ganz anderes, ob ich ein Buch still für mich lese, oder ob ich dem geschriebenen Wort Stimme und Ausdruck verleihe. Ich habe einen Freund, der in seinen Ferien seiner Frau die »Wahlverwandtschaften« von Goethe vorlas, während sie an einer Decke stickte. Das war kreative Meditation!

Genieren wir uns nicht, ein *Gelegenheitsgedicht* zu verfassen. Anlaß mag ein Geburtstag oder Hochzeitstag sein. Ich meine nicht so sehr, daß wir das festliche Ereignis besingen in mehr oder weniger gut gedrechselten

Versen, sondern daß wir diesen Anlaß nehmen, um eine Wirklichkeit, die wir erfahren, so intensiv zu erfassen, daß wir sie auch sprachlich in konzentrierter Form zum Ausdruck bringen können. Wir sollten uns bei dieser Aufgabe gar nicht so sehr um Versmaß, Reim und Silbenzahl kümmern. Mein erstes Gedicht solcher Art, wenn ich von Versuchen in meiner Kindheit absehe, verfaßte ich in einer frustrierenden Situation, als wir auf einer Alphütte hoch in den Bergen eingeregnet waren. Ich widmete es meiner Frau und überreichte es ihr mit einem riesigen selbstgepflückten Wiesenstrauß. Ich verdanke diesem ersten poetischen Versuch sehr glückliche Stunden, und ich weiß noch heute, wie ich bei dieser Tätigkeit innerlich zur Ruhe kam und zum Einklang mit mir selber.

Wer Freude am Gedicht hat, wird sich vielleicht auch mit der Verstheorie befassen und sich einmal in traditionellen Versmaßen versuchen. Für eigene kleine Sprachschöpfungen eignet sich besonders die *Form des japanischen Haiku*, eines Dreizeilers mit siebzehn Silben (zweimal fünf, einmal sieben), das sind im Durchschnitt nicht mehr als sieben Wörter. Ein japanisches Haiku und zwei Beispiele deutscher Herkunft können zu eigenen Versuchen anregen:


Diesen Weg
geht niemand
an diesem Herbstabend . . .
(ein Haiku von Basho)

Katze schmiegt sich
voll Vertrauen in meinen Arm –
wem vertraue ich?
(Imma Bodmershof)

In der Pfütze noch
spiegelt sich der hohe Berg –
und in meinem Aug'.
(eigener Versuch)

Abgesehen von der Begrenzung auf siebzehn Silben gibt es noch *3 Haiku-Regeln*, die man beachten sollte: 1. Ein Naturgegenstand ist vorhanden; 2. eine einmalige Situation liegt vor, die mit einer Jahreszeit in Zusammenhang steht; 3. und Gegenwart herrscht: hier und jetzt. Regel 1 verhindert meine Flucht in die menschliche Innerlichkeit, Regel 2 erlaubt mir kein Abschweifen ins Allgemeine, Regel 3 schließlich konfrontiert mich unmittelbar, hautnah mit den Dingen. Es geht um plötzliche Einsicht, die nicht aus Büchern kommt. Ein Anblick, ein Laut, den ich höre, ein Duft, der mir in die Nase kommt, kann der Auslöser sein zur »Erleuchtung«. Es »geht mir etwas auf«! Dabei kann man nie absehen von der Person, die dies »erfährt«, auch wenn sie scheinbar wie im Haiku von Basho nicht anwesend ist. Da ist nur ein Weg zu sehen, auf dem niemand geht. Aber, so erläutert Dietrich Krusche, »derjenige . . ., der den Weg vor sich sieht und sagt: ›Diesen Weg geht niemand . . .‹, der ist es zugleich, der ihn geht. Das Ich, das den Weg als ›Niemandsweg‹ erkennt, weiß zugleich: Eben das ist mein Weg, es gibt nur den einen für mich, und es ist ein Weg, der in den Abend führt im Herbst.«

Die Haiku-Zeit, in der alle Japaner Haikus gedichtet haben, ist vorbei. Aber Versuche außerhalb Japans, besonders im englischen Sprachraum, zeigen, daß das Haiku-Dichten heute durchaus eine Möglichkeit ist nicht nur zu idealer Freizeitgestaltung, sondern auch zur Selbstfindung. Einfach, anschaulich und spontan, wie das Haiku ist, kann uns diese Art der Prosadichtung einen Weg zur Meditation eröffnen.

Zur Kreativen Meditation gehört auch: *Szenisches Spiel, Rollenspiel, Pantomime,* evtl. mit eigener Musik und gemeinsamem Singen. Hier kann sich eine Gruppe zusammenfinden, eine Familie oder mehrere Freunde, am besten Kinder und Erwachsene zusammen. Es gibt ein reiches Angebot an Texten für Laientheater. Der Text kann aber auch aus der Gruppe kommen und vielleicht gemeinsam verfaßt werden. Ich habe einmal mit afrikanischen, indischen und irischen Kindern aus dem Slum Liverpools in der Weihnachtszeit die Weihnachtsgeschichte eingeübt. Zunächst war gegenseitiges Mißtrauen da, aber durchs Spiel wurden wir sehr schnell Freunde. Jedes Kind bekam eine Rolle, und die Rolle veränderte die Kinder, die sonst wegen ihrer Zerstörungswut, ihrer Diebstähle und Überfälle berüchtigt waren. Sie lebten sich in ihre Rolle ein. Sie spielten nicht nur Maria oder Joseph oder einen Hirten, einen Engel oder einen der drei Könige, sie *waren* es. Und als wir es an einem Sonntag in unserer kleinen Kirche aufführten, war tatsächlich Weihnachten in diesem trostlosen Viertel von Liverpool 8, und sie waren alle mit hineingenommen in dieses Geschehen. Ihr Englisch war so schlecht, daß wir das Ganze als Pantomime aufführten und die dazugehörigen Texte von Älteren aus der Bibel vorlesen ließen. Auch die Kostüme hatten wir aus Vorhandenem selbst geschneidert und fabriziert. So anspruchslos und schlicht diese Aufführung war, sie schlug Wellen. Die Zeitungen berichteten davon, die BBC kommentierte die Sache und interviewte mich. Eine Schulklasse spendete Spielzeug für die Kinder, die sonst immer als Vandalen galten und auf die man nur schimpfte. Die Aufführung liegt nun schon viele Jahre zurück. Aber kürzlich berichtete mir mein Nachfolger, daß ein dunkelhäutiger Junge in der Kirche gewesen sei, der nach dem Gottesdienst ein vergilbtes Zeitungsblatt aus der Tasche holte und es auseinanderfaltete. Dann hätte er ihm das Bild von jener Aufführung gezeigt und hätte stolz erklärt, indem er auf einen der Engel deutete: »That's me!« – »Das bin ich!« Die Rolle hilft mir, mich zu finden. Sie holt mich heraus aus meinen Hemmungen und Blockierungen. Man spielt sich frei. So haben wir als Kinder Cowboy oder Indianer gespielt und dabei unsere Möglichkeiten ausgelotet. Wir haben uns als Cowboy oder Indianer zu finden versucht.

Eine besondere Form des Rollenspiels, die Schwäbisch/Siems in ihrer »Anleitung zum sozialen Lernen« empfehlen, wäre das *Rollenspiel auf zwei Stühlen.* Es dient zur Austragung eines inneren Konflikts. Die beiden Seiten, die sich nicht einig sind, werden auf zwei Stühlen einander gegenübergesetzt. Ich spiele zunächst den einen, dann den anderen, z. B. die eigene starke gegen die eigene schwache Seite. Nach einer Begrüßungszeremonie, in der man sich vorstellt und einander versichert, daß man den anderen ernst nehmen will, ebenso wie man sich selbst ernst nimmt, und daß man einander alles sagen will, was man denkt, und dem anderen zuhören will und berücksichtigen, was er sagt, beginnt das Gespräch. Jedesmal, wenn wir uns auf den anderen Stuhl setzen, spielen wir die andere Seite. Wenn der Dialog stockt und nicht weiterkommt, so spielen wir noch eine dritte Person, nämlich den »Spielleiter«, der das Gespräch zusammenfaßt und überlegt, wie es weitergehen könnte. »Durch das laute Sprechen und das Ersetzen der indirekten Rede beim Nachdenken durch das direkte Ansprechen eines fiktiven Gegenübers sind Gefühle erlebbar und Einsichten erreichbar, die bei einer normalen ›Selbstreflexion‹ kaum in dieser Weise möglich sind.«

Zum Alltag gehört der Mitmensch. Keiner von uns lebt auf einer Insel wie Robinson, aber es geht uns mit dem Mitmenschen wie mit dem Wald, von dem man sagt, man sieht den Wald vor lauter Bäumen nicht. Wir sehen ihn nicht. Und doch ist er da.

Die Menschen in meiner Straße: Ganz beziehungslos lebe ich nicht unter ihnen. Die Bäckersfrau, die Fleischersfrau, der Zeitungshändler: Sie kennen meinen Namen. Auch auf der Straße grüßen mich einige. Andere kenne ich vom Ansehen, täglich begegne ich ihnen beim Einkauf. Vielleicht würde ich gern mehr Beziehungen haben. Dieser Wunsch darf ruhig laut werden. Meditation vermag meine Isoliertheit zu durchbrechen. Vielleicht ist es so, daß nur der, der sich selbst gefunden hat, auch seinen Mitmenschen finden kann.

*Meditation des Mitmenschen erfordert Nähe, und zugleich* fordert sie *Distanz.* Darum ist es oft so schwer, gerade den allernächsten Menschen zu meditieren. Wir haben wohl die Nähe, aber nicht den nötigen Abstand. Wir sind uns zu nah. Das gilt von der eigenen Familie, von Freunden, von Nachbarn, von Kollegen. Hinzu kommt, daß Mißverständnisse und Zwistigkeiten oft den freien Blick verwehren.

Man kann erst einander recht meditieren, wenn man auch einander losläßt. Das gilt gerade von Eltern, die ihre Kinder besser verstehen wollen, und von Liebenden, die vom andern nicht nur das Idealbild, sondern ihn selbst, wie er wirklich ist, recht begreifen möchten. Wir können einander nicht meditieren, wenn wir einander im Arm halten. Wir können einander nicht meditieren im Augenblick der Erregung, des Mitleids oder der Rührung.

Es geht bei der Meditation des Mitmenschen gerade

nicht darum, ihn zu analysieren und ihn irgendwo ein-
zugruppieren oder gar ihm »hinter die Schliche kommen« zu wollen, um Macht über ihn auszuüben: Im Gegenteil: Man muß gar nichts wollen. Selbstlosigkeit und
Absichtslosigkeit (die »innere Haltung«, die wir in der
Meditation üben) sind vonnöten, um ihn ernst zu nehmen als Person und ihn wahrzunehmen in seiner Gestalt
und Ganzheit.

Es gilt, sich von den Klischees, in die wir die Mitmenschen einordnen, freizumachen und den anderen wieder
als Geheimnis zu begreifen.

Pädagogische oder psychologische Schulung ist nicht
notwendig. Menschenkenntnis kann eher hinderlich
sein. Was gebraucht wird, ist Zuwendung und Offen-
heit, damit ich nicht einem Begriff begegne, sondern
wirklich einem Menschen.

Die beste Methode für die Meditation des Mitmenschen ist *das Gespräch*. Ich meine nicht eine Diskussion,
wo der Verstand gewetzt wird und wo es unter Umständen gleich Gegner gibt, auch keinen Meinungsaus-
tausch, wo ein Thema im Mittelpunkt steht, sondern
*Gespräch als Begegnung*, wo eine Brücke gefunden
wird, etwas, was verbindet.

Zu solchem Gespräch braucht man vor allem Zeit. Es
gibt dann tatsächlich nichts Wichtigeres als diesen Menschen, mit dem ich spreche. Meditation auch als Mit-
menschlichkeit.

In der Millionenstadt Paris fand ich in der Rue
Blanche an eine Hauswand geschrieben den Satz:

»C'était un jour où je voulais parler
et où je n'avais rencontré que des murs.«

Beredtes Zeugnis von der Einsamkeit des Großstadt-
menschen!

131

»An einem Tag wollte ich gern mit jemand sprechen und bin doch *nur auf Mauern gestoßen.*«

Damit der Mann, der mit jemand sprechen möchte, nicht nur auf Hausmauern trifft und Wände, muß ich Zeit für ihn haben. *Zeit haben* für den Mitmenschen, das heißt: *wirklich für ihn da sein,* präsent, nicht nur im Leibe anwesend und in Gedanken ganz woanders! Sonst kann er ebensogut zu einer Wand sprechen.

Im Gespräch, wie es hier gemeint ist, sind alle Komponenten anwesend, die Meditation ausmachen und die wir beschrieben haben: die gleiche *innere Haltung des Loslassens und Nichtwertens.* Es geht um uns beide, die miteinander sprechen. Ich bin neugierig auf ihn. Ich will ihn respektieren und ihn nicht für mich und meine Ideen vereinnahmen und mit Beschlag belegen. Ich will ihm gegenüber offen sein und von allem absehen, was sonst schon einen Menschen »abstempelt«: »der Dicke« – »das typische Weibchen« – »ein Jude« – »ein Kommunist«. Ich hoffe, daß er es auch mir gegenüber ist und mich nicht gleich eingruppiert: »Ah, ein Pfarrer!«

Schweigen ist das Element der Meditation. Auch in einem solchen Gespräch passiert das meiste gar nicht im Reden, sondern im *Schweigen* und Horchen. Schade, wenn ich mich nur immer selbst reden höre! Es geht ja nicht darum, daß ich ihm vorführe, wie witzig ich bin. Dann bin ich zu wenig auf ihn eingegangen. Das richtige *Zuhören* kommt aus dem Schweigen.

Ich höre nicht nur auf das, was er vielleicht mühsam oder zögernd in Worte zu fassen versucht. Wie man bei einem Brief auch »zwischen den Zeilen« lesen kann, so kann man bei einem Gespräch auch »zwischen den Worten« hören, was noch mitschwingt. Das Eigentliche wird oft gar nicht mit Worten gesagt. Es gilt, während eines Gesprächs das kaum merkliche Nicken oder

Kopfschütteln wahrzunehmen oder die kleinen Laute wie »Ja«, »Hm«, »Ah«, »Ach« oder einen Blick. Auch der Körper spricht mit, und als Meditierende haben wir ja gelernt, auf jede kleinste Verspannung unseres Körpers zu achten. Die körperliche Nähe spielt in einem Gespräch eine große Rolle. Wir sind ja beide in unserem Leibe anwesend und hoffentlich auch ganz da! Ob er den Körper mir zuneigt oder sich zurücksetzt und die Arme verschränkt: Damit sagt mir der andere schon sehr viel. Schließlich gibt es noch *Schwingungen und Vibrationen* von einem zum andern, *die viel feiner sind als die akustischen oder optischen Signale.* Wir »fühlen« bei unserem Gegenüber Stimmungen heraus, vielleicht eine Traurigkeit, wir »wissen«, ob er uns sympathisch ist oder nicht, ob er ein guter Mensch ist oder ob wir vor ihm auf der Hut sein müssen. Alle Liebenden kennen *die Sprache der Zärtlichkeit,* wo man mit einem Blick oder mit einer leisen Berührung einander so viel sagen kann, eine Sprache ohne Worte, mit der man sich auch versteht, wenn man nur schweigend nebeneinandersitzt und die Nähe des andern spürt. Ähnliche Erfahrungen kann man machen, wenn man mit anderen zusammen meditiert und in diesem gemeinsamen Schweigen deutlich empfindet, wie einen diese Gemeinschaft trägt.

Solch *Gespräch als Übung des Seinlassens, des Schweigens und der Präsenz läßt uns zu einer befreienden Spontaneität zurückfinden,* wo nichts mehr festgelegt ist und sich Kommunikation wie von selbst ergibt.

Es gilt dies anzuwenden gerade gegenüber den Menschen, mit denen wir leben und denen wir täglich begegnen, und nicht auf einen Fall zu warten, wo uns ein Wildfremder vielleicht gegenübersitzt, sozusagen als idealer Fall. Hier ist wirklich der Alltag das Übungsfeld. Wir könnten anfangen mit denen, die uns allzu vertraut sind und die wir dabei oft gar nicht recht kennen. Eltern könnten so ihren Kindern begegnen und Kinder ihren Eltern. Paare könnten so einander begegnen, ebenso Arbeitskollegen und Freunde.

Besonders *Kinder* werden häufig übersehen oder nicht ernst genug genommen. Lassen wir sie wirklich ganz sie selbst sein? Wahrscheinlich werden wir einen Weg zurückgehen müssen, wenn wir sie ernst nehmen und verstehen wollen. Wir werden zurückgehen müssen bis in unsere eigene Kindheit, werden uns erinnern müssen an unsere eigenen Kinderängste, Wünsche und Sehnsüchte, an unser Kinderleben mit seinen Freuden und Leiden, um dahin zu gelangen, ein Kind zu verstehen.

Zu einer Silvesterparty auf dem Lande hatten wir unseren kleinen vierjährigen Jungen mitgenommen. Die Freunde hatten selbst keine Kinder, und so war er das einzige Kind mitten unter lauter Erwachsenen. Es gab in dem Haus ein Zimmer mit einem großen Kaufmannsladen und anderen Spielsachen, auf das er praktisch beschränkt war, denn draußen war es zu kalt zum Spielen. Für eine Weile hatte er auch in einem Mädchen aus der Nachbarschaft einen Spielkameraden gefunden, das aber dann nach Hause ging. Als der Abend kam und die Gäste sich zur Silvesterfeier versammelten, wurde unser kleiner Mann müde, und so legte man ihn im Spielzimmer auf ein Bett. Irgendwann wachte er auf und weinte. Man holte ihn herein, und da saß er dann unter all den festlich gekleideten Erwachsenen, die Silvester feierten, auch er im Sonntagsstaat und doch irgendwie ganz fremd und verloren. Er hatte andere Bedürfnisse. Aber er saß geduldig und wartete, daß das Fest, von dem er nichts verstand, zu Ende ginge. Schließlich setzte er sich draußen im Flur auf die Treppe. Ich gesellte mich zu ihm, und während ich mit ihm auf der Treppe saß, ging mir auf, daß mein Kind nicht eine Miniaturausgabe

134

eines Erwachsenen ist, sondern eben ein Kind, das ich mit seinen vier Jahren genauso ernst nehmen muß wie mich selbst. Eine Weile schwiegen wir; die Nähe, die wir einander gaben, war genug. Kleine Gesten der Zärtlichkeit. Dann sprachen wir von dem, was er gern wollte. Er wollte gern ins Gasthaus gehen, wo wir einquartiert waren und wo er schon die Nacht vorher geschlafen hatte – mit den Eltern in einem Raum. Er hatte sich schon so auf dieses Gasthaus gefreut, und nun dauerte es ihm fast zu lange. Schließlich kam die Mutter dazu, und wir gingen mit unserem müden Kind durch die dunkle Dorfstraße heim zu unserem Gasthaus, wo wir alle zusammen in einem Raum schliefen. Das war das Schönste von der Silvesterparty für unseren Jungen – und eigentlich auch für uns.

Sprechen wir noch *vom fernen Nächsten.* Wir lesen von ihm in der Zeitung, hören von ihm am Radio, sehen ihn durchs Fernsehen. Es sind die Zahlen der Arbeitslosen, es sind die Betroffenen einer Katastrophe: einer Überschwemmung, eines Erdbebens oder eines Eisenbahnunglücks, oder die Opfer einer Flugzeugentführung. Es sind Bevölkerungskreise, die mir eine Reportage nahebringt: Alte, Kinder, Prostituierte . . . oder Bewohner eines Slumviertels.

Unser Meditieren geschieht hier und jetzt, im Alltag, und es ist uns verwehrt, in eine Welt der reinen Innerlichkeit zu flüchten und die »böse Welt« draußen zu lassen. *Alles* gehört hinein in die Meditation, ich kann darum auch nicht Nachrichten, Politik, Wirtschaft oder Technik ausklammern.

Man kann den fernen Nächsten meditieren, indem man *Zeitungsausschnitte* sammelt und alles, was ihn betrifft, aufmerksam verfolgt. Ich halte auch *das Radio und das Fernsehen* für eine gute Sache, weil es mir ermöglicht, an seinem Ergehen teilzunehmen. Voraussetzung ist, daß man mit diesen Massenmedien umzugehen versteht und nicht wahllos und kritiklos sich ihnen aussetzt. Gerade alten Menschen, die unter ihrer Isolierung leiden, bietet sich hier ein guter Weg, mit Mitmenschen und Welt in Verbindung zu bleiben. Der feine Unterschied, ob ich Nachrichten nur als Unterhaltung aufnehme oder als Stoff zum Meditieren, wird sich am Ende der Nachrichten zeigen. Hat mich das Ganze unberührt gelassen, so verschwende ich keinen Gedanken mehr daran und wende mich anderem zu. Es kann aber auch sein, daß ich ein starkes Gefühl der Verbundenheit mit den Menschen empfinde, von deren Schicksal ich eben hörte oder las. Dann wird die Nachricht in irgendeiner Form für mich Konsequenzen haben. Vielleicht schreibe ich einen Brief an die Zeitung, an das Radio oder an die Fernsehanstalt, vielleicht spende ich Geld oder beteilige mich an einer Unterschriftensammlung. Zumindest werde ich weiter an die Mitmenschen denken, die mir näher gerückt sind durch die Nachricht, so nahe, daß ich sie in meinem Inneren gegenwärtig habe, werde für sie hoffen oder, christlich gesprochen: für sie beten.

Der Nächste kann *jedermann* sein. Ich kann ihm morgens in der U-Bahn begegnen oder im Omnibus oder am Bahnsteig, wo gerade ein Zug ankommt. Ich sehe auf die Menschen, die auf mich zuströmen oder unter denen ich sitze: Alle haben das gleiche Menschengesicht, und doch ist jeder anders. Ich sehe, wie müde sie sind oder abgespannt. Ich versuche, in den Gesichtszügen zu lesen, was das Leben da alles hineingeschrieben hat. Ich freue mich über die Fröhlichkeit der Kinder, über das Lächeln eines jungen Mädchens. Das Schicksal eines jungen Mannes mit weißem Stock und Armbinde rührt mich an, der offenbar blind ist. So kann man auch meditieren.

Beim fernen Nächsten besteht die Gefahr, daß er zu einer Idealfigur wird. Von fern gesehen ist er ein angenehmer Zeitgenosse, der uns nicht stört. Das wird meist anders bei näherem Kennenlernen. So ging es mir mit den Menschen in meiner Straße, die ich nur von Ansehen kannte. Das Anstehen beim Fleischer oder beim Bäcker gab nur Gelegenheit zu recht flüchtiger Kommunikation. Eines Tages wurde in unserer Straße ein Flohmarkt eröffnet mit Blaskapelle und Freibier und Bockwurst. Da hatte jeder, der nur wollte, gute Gelegenheit, die anderen Straßenbewohner, besonders auch die Kinder, näher kennenzulernen, die alle in Scharen sich hier tummelten. Da so etwas nicht alle Tage passiert, mischte ich mich auch darunter. Dabei ging es mir seltsam. So in unmittelbarer Nähe, ja in Tuchfühlung mit ihnen, fühlte ich mich gar nicht mehr so zu ihnen hingezogen. Ich hatte eher mit einem Gefühl von Widerstand zu tun. Aus der Ferne ist es nicht schwer, den Nächsten gern zu haben. Der ferne Nächste riecht nicht aus dem Mund. Er ist nicht besoffen und grölt nicht. Er sagt keine schmutzigen Wörter und macht kein schmatzendes Geräusch. Aber wenn er uns so nah auf den Leib rückt, haben wir plötzlich seine *Schwächen und Fehler* vor Augen. Wie konnte es anders sein, als daß etliche bei solcher Gelegenheit primitiver Freß- und Sauflust nachgaben? Meine Gefühle des Widerstands, des Abscheus und Ekels waren ein wichtiges Symptom. Stört es mich darum so sehr, weil ich auch einen Trieb habe, mich vollzufressen und zu besaufen? Ich habe nur gelernt, mich besser zu zügeln. Und ich erinnere mich, daß ich auch als Kind geschmatzt habe.

Ganz falsch wäre es jetzt, wenn ich den andern moralisch verurteile. Damit blockiere ich jeden Schritt weiterer Kommunikation und Meditation. Oberstes Prinzip der inneren Haltung ist: Nicht werten. Ich sollte solche

137

Gefühle des Abscheus und Widerwillens zur Kenntnis nehmen und sollte der Tatsache ins Auge sehen, daß ich gerade im wenig schönen Konterfei des etwas verwahrlosten und primitiven Nächsten mich selbst erkenne mit meinen eigenen Schwächen und Fehlern, mit alldem, was ich an mir nicht mag, auch mit meiner Gebrechlichkeit und Gefährdetheit. Ich nehme auch das zur Kenntnis: meine Befindlichkeit und wie sehr ich mich im anderen wiederfinde. So führt mich die Meditation des Nächsten in seinen Fehlern und Schwächen zu der überraschenden Feststellung: Der andere – das bin ich! Hoffentlich bin ich auch aus dem Stadium heraus, wo ich noch gegen meine eigenen Fehler ankämpfe. Man sollte nicht gegen etwas sein, sondern für etwas! Dann kann dies der Ausgangspunkt werden zur Selbstfindung. Davon handelt der letzte Abschnitt dieses Buches.

### Das Lächeln üben

Und noch etwas: *Lernen wir zu lächeln*, gerade angesichts der Fehler und Schwächen bei andern und bei uns selbst! Seien wir nicht so »tierisch ernst«, werden wir »menschlich« und lächeln! Das Lächeln wäre »*die Verleiblichung der Gelassenheit*«.

Eigentlich muß das Lächeln von innen kommen als Ausdruck der Gelassenheit, der Güte oder der Heiterkeit. Aber manchmal sind Sperren da, die es hindern, und dann können wir ihm entgegenkommen auf dem uns bekannten Weg von außen nach innen, den wir in der Meditation begehen. Wir können das Lächeln üben, am besten vor einem Spiegel.

Wir alle kennen die Situation beim Fotografieren, wenn es heißt: »Bitte, recht freundlich!« Kann man auf Kommando lächeln? Die Engländer und Amerikaner haben für solche Gelegenheit ein ganz einfaches Rezept: Sie sagen »cheese«, wobei man die Zähne zeigt, und das sieht aus wie ein Lächeln. Man geht den Weg über die Mimik.

Eigentlich gibt es *zwei Arten des Lächelns*, auf die Georg Volk aufmerksam macht und die man von alten Bildern lernen kann: Es gibt das in sich geschlossene Lächeln und das geöffnete Lächeln. Das geschlossene Lächeln ist ein In-sich-hinein-Lächeln. So lächelt der meditierende Buddha, aber auch viele Marien lächeln so auf alten Verkündigungsbildern. Wir können diese Art des Lächelns am besten im Meditationssitz bei der Ruheübung probieren. So kann man lächeln, wenn man sich löst und losläßt. Das Auge ist dabei halb geschlossen, und auch der Mund ist geschlossen. Wie ein leichtes Lüftchen die spiegelglatte Oberfläche eines Sees da und dort ein wenig kräuselt, so spielt dieses Lächeln nur als eine zarte Andeutung um Mund und Augen. So lächelt der weise Gewordene, der alles verstehen und verzeihen kann. So lächeln aber auch Kinder, die noch vertrauen können, und große Leute, die es wieder gelernt haben. So lächelt ein müdes Kind, das vom Vater heimgetragen wird – eine junge Frau, wenn sie den Kopf an die Schulter ihres Mannes lehnt – eine Maria, die sich Gott überläßt. Wenn man so lächelt, kann man andern nur gut sein, aber auch mit sich selber ist man dann im Frieden. Wir können versuchen, so zu lächeln, und dann auch zu dem hinfinden, was es bedeutet.

Bei der zweiten Art, dem geöffneten Lächeln, lächelt man zu jemand hin. Dabei ist auch der Mund meist etwas geöffnet, und das Auge ist anders mit einbezogen als bei der ersten Art. So lächelt die Grünewaldsche Maria auf dem Weihnachtsbild des Isenheimer Altars ihrem Kind zu. Wenn wir es üben, denken wir dabei am besten an jemanden, den wir gern haben. Mit diesem

Lächeln schenken wir dem andern Freundlichkeit, Sympathie. Solch ein Lächeln kann Brücken bauen, daß man sich versteht, auch ohne Worte, und zueinander Zutrauen faßt.

Als ich mit meiner Familie wieder nach Deutschland zurückkehrte – nachdem wir jahrelang in England gelebt hatten –, fiel uns auf, wie angestrengt, finster und unfreundlich viele Leute ausschauten, denen wir auf der Straße oder in der U-Bahn begegneten. Wir waren alle zunächst recht bedrückt. Dann kamen wir überein – es war die Idee der Kinder –, einen *Happy Smile Club* zu gründen. Wir wollten uns nicht von einer unfreundlichen Atmosphäre unterkriegen lassen. Der Happy Smile Club schloß die Verpflichtung ein, für eine Atmosphäre zu sorgen, in der man sich wohl fühlt, und darum stets einander, aber auch jedem, dem wir begegneten zu Hause oder auf der Straße, freundlich zuzulächeln. Es ist ein gutes Rezept.

Ich kann sicherlich mit einem Lächeln kein Leid aus der Welt schaffen. Aber ich meine, selbst angesichts von Krankheitsnot und schwerem Leid ist ein freundlicher Mensch doch ein Lichtblick.

## *Vorausmeditation und Rückmeditation des Tages*

Der Alltag besteht immer wieder im Augenblick und erfüllt sich darin, daß wir den Augenblick wahrnehmen. Aber wer von uns lebt noch wirklich im Augenblick? Jemand spricht mit uns. Sind wir eigentlich ganz da? Sind wir noch in der Vergangenheit oder halb schon in der Zukunft? Der mit uns spricht, stellt vielleicht erstaunt fest: »Der ist ja gar nicht ganz da!« Wie ein lebendiges Wesen kommt jeder Augenblick unseres Lebens auf uns zu. Wie viele verpassen wir, weil wir nicht ganz da sind?

Damit wir es können, sollten wir am Morgen die Vorausmeditation üben und am Abend die Rückmeditation.

Die *Vorausmeditation* am Morgen geht Hand in Hand mit dem Erwachen. Es gilt, sich auf den Tag zu freuen. Die Ruheübung und eine anschließende kurze Lesung mit Textmeditation mag uns helfen, uns zu sammeln und in die richtige Verfassung zu kommen, aus der heraus wir leben möchten. Nun schauen wir dem Tag, der vor uns liegt, ins Angesicht und gehen ihn meditierend durch. Vom Morgen bis zum Abend nehmen wir in Augenschein, was auf uns zukommt. Wenn man viele Verabredungen und Termine hat, kann man das mit Hilfe seines Notizkalenders, wobei wir uns gleich den Tag einteilen.

Wir schauen auf die Aufgaben, die vor uns liegen. Es gibt Prioritäten. Was muß ich als erstes tun? Ich gehe Situationen durch, wo Schwierigkeiten auftauchen können. Was mache ich, wenn ich dem begegne . . .? – und wenn der Konflikt kommt? Wo werde ich leicht irritiert? Wie ein Künstler vor seinem Auftritt eine schwierige Stelle immer wieder übt, so mache ich es mit schwierigen Situationen des Tages: Ich meditiere sie voraus und vergegenwärtige mir die Haltung, in der ich sie bestehen möchte.

Ständig haben wir es mit Menschen zu tun. Ich sehe die Menschen vor mir, denen ich an diesem Tage begegnen werde. Auch die eigene Familie vergesse ich dabei nicht. Ich möchte ihnen gern gerecht werden. Was kann ich tun, daß X zur Geltung kommt? Womit kann ich Y eine Freude machen? Worüber spreche ich mit Z? Was interessiert sie? So gehe ich den Tag durch und kann dann dem, was der Tag mir bringt, in aller Ruhe entgegensehen. Ich werde dann, wo nötig, in Klarheit Entscheidungen treffen können und werde nicht mehr ständig vom Leben überfahren. Diese Ruhe, die ich aus der Meditation mitnehme, wird auch auf andere wohltuend ausstrahlen. Begegnungen und Gespräche, die wir vorausmeditiert haben, bleiben nicht mehr im Belanglosen und Konventionellen stecken. Die Menschen, mit denen wir es zu tun haben, werden spüren, daß wir ganz für sie da sind.

Wir selbst aber kommen nun erst richtig auf den Geschmack, was es heißt, zu leben, und kosten den Tag ganz anders aus, wenn wir es wagen, ganz und ohne Rückhalt in jeden Augenblick hineinzugehen. Es gibt dann keine neurotische Angst mehr vor dem Tag als dem Riesenberg an Aufgaben, deren Gewicht wir ständig spüren, als sollten wir alles auf einmal tun. Wir können dann frisch und unbekümmert auch bei einem vollen Terminkalender von einer Aufgabe zur anderen gehen, denn nur das Hier und Jetzt fordert uns. Was nachher kommt und was vorher war, können wir getrost loslassen.

Am Abend die *Rückmeditation* gehört dann zum Abschluß des Tages. Wir gehen einfach durch, was war, prüfend, aber auch in Dankbarkeit. Wir holen wieder zurück in unser Inneres, was der Tag uns brachte, was wir an Schönem und weniger Schönem erfahren haben. War ich ganz da – in meinem Tun und in dem, was ich sagte? Oder war es nur oberflächlich hingesagt – getan? Bei einer mißlungenen Begegnung oder Sache fragen wir uns, wie es hätte anders und besser geschehen können. Wir stellen uns vor, wie es eigentlich hätte geschehen sollen, wenn wir in der richtigen Haltung gewesen wären, aus der heraus wir leben wollen, und vollziehen so in unserer Rückmeditation das, was uns danebenging und mißlang, noch einmal neu. Vielleicht fassen wir dabei den Entschluß, A oder B morgen um Verzeihung zu bitten oder die Sache noch einmal zu machen. Wenn wir so den Tag noch einmal durchgehen, bleibt nichts Belastendes zurück, und wir können bestimmt gut schlafen.

Diese kleine Übung der Voraus- und Rückmeditation kann eine große Wirkung haben, wenn sie täglich vollzogen wird. Mit der Zeit führt sie zur Durchseelung des ganzen Alltags. Vor allem hat sie das Gute, daß sie uns an eine Ordnung bindet. Jedes Leben braucht Rhythmus und Ordnung. Wir kommen wieder in eine Ordnung hinein, von der aus sich uns auch der Tag ordnet, so daß wir wieder in Einklang mit dem Tag leben. Zugleich hilft uns die Übung, Ruhe und Abstand zu gewinnen. Die Zeit rennt uns nicht mehr davon. Wir haben nicht mehr das Gefühl, wir werden gelebt, sondern wir fangen wirklich an zu leben.

# 10.
# Meditation als Weg der Selbstfindung

Man kann Meditation für vieles gebrauchen: der Gesundheit zuliebe oder um sich besser konzentrieren zu können. Ganz gleich, aus welchen Gründen wir Meditation begonnen haben, sie gibt uns immer mehr, als wir suchen, und wird schließlich zum Weg der Selbstfindung. Wenn wir die Ruheübung täglich vollziehen, werden wir ruhiger werden, und ruhiger werden bedeutet: mehr zu sich selbst kommen. Da kann sich viel lösen.

### Wer bin ich?

Wer bin ich eigentlich? Roshi Nagaya pflegte immer zu sagen, wenn seine Schüler ihn um ein Kôan bestürmten: »Euer Leben ist das Kôan, das Rätselwort, das löst.« *Wer bin ich?* Das Denken basiert auf dem alten Subjekt-Objekt-Gegensatz, ist immer entzweiend und hilft uns nicht weiter. Nur ein meditatives Eindringen kann uns unser eigenes Dasein erhellen.

Wer bin ich? Ich unterdrücke einen Teil von mir, den ich als »schlecht« bezeichne. Bin ich also der »Gute«? *Das Bild, so wie ich mich sehen will* und wie ich wünsche, daß andere mich sehen, kann sich als *eine Kon-*

144

*struktion* erweisen, die hinfällig wird. Bin ich eigentlich gut, wenn ich ständig einen Teil von mir unterdrücke? Was ist mit dem anderen Teil von mir, mit dem ungelebten Leben?

Es kann durchaus sein, daß einem beim Meditieren »böse« Gedanken kommen – Gedanken, die bisher nicht zum Vorschein kamen. Tiefe Entspannung in der Meditation verbunden mit der inneren gelösten, nichtwertenden Haltung hat den therapeutischen Effekt, daß Ängste verschwinden. Ich kann nicht gleichzeitig entspannt sein und Angst haben. So kommen auch Gedanken, die normalerweise nicht auftreten, weil sie mit Angst gekoppelt sind. Primitive Gefühle wagen sich an die Oberfläche. Wünsche werden wach. Wir werden viel von uns selbst erfahren, wenn wir uns nicht-wertend zuhören, wie es in der Meditation geschieht.

Eine längst vergessene Kindheitserinnerung steigt auf: Wie ich als kleiner Junge mit Puppen spielte und wie man sie mir dann später wegnahm, mich schalt und mir sagte: »Ein Junge spielt nicht mit Puppen!« Ich muß feststellen: Das bin ich auch. Ich habe als Mann auch eine weibliche Seite, habe mütterliche Gefühle.

*Meditation führt wieder zur Ganzheit.* Die beiden feindlichen Brüder, die sich nicht mögen und sich so lange nicht gesehen haben, treffen sich wieder, der gute, der wohlerzogene und der primitive, rüpelhafte. Ich muß feststellen, daß ich mit beiden identisch bin. Ich brauche nun nicht mehr dieses sogenannte »Ich« zu verteidigen, das Bild des »Guten«. Ich bin auch das andere, das Animalische, das Triebhafte. *Wir können nicht ständig einen Teil von uns unterdrücken und ihm gegenüber in Feindschaft leben.* Selten gelingt auch die Sublimierung. Was wir anzustreben haben, ist Harmonie.

Das kommt auch in der *Haltung der Hände* zum Ausdruck. Wir haben beim Meditieren die Hände so

145

zusammengelegt, daß die linke Hand nach oben kommt. In Indien ist das eine schockierende Haltung. Wir werden kein Buddha-Bild finden mit der linken Hand oben. Mit der rechten Hand ißt man in Indien, mit der linken Hand wischt man sich ab und reinigt sich, wenn man seine Notdurft verrichtet hat. Es wäre darum auch eine Beleidigung, wenn man jemandem die linke Hand zum Gruß reicht. Die linke Hand ist die schmutzige Hand, die rechte Hand die reine Hand. Und doch wurde dies zu einer Meditationshaltung im Zen-Buddhismus in Japan, daß die schmutzige und die reine Hand zusammenkommen.

Nach chinesischer Lehre sind es die beiden Prinzipien *Yin* und *Yang*, die zusammenkommen: Yang, das Männliche, Aktive und Lichte – und Yin, das Weibliche, Empfangende, das Dunkle. Yin, das der Erde, und Yang, das dem Himmel zugehört. So wie ich Körper und Seele bin, so bin ich Yin und Yang.

Wir müssen durch die Meditation wieder mühsam unseren Körper neu erspüren und erfahren. Der östliche Mensch ist noch anders mit seinem Körper verbunden.

*Die Versöhnung der Gegensätze im zweipolaren Symbol des Tai-ki – der Kreis, der Yin und Yang umschließt.*

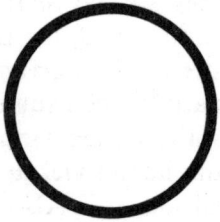

*Das noch größere Geheimnis: Die Aufhebung der Gegensätze*

Beim westlichen Menschen ist das Körpergefühl und Körpergespür fast verlorengegangen. So kann er nicht einmal mehr wahrnehmen, wie verspannt er ist. Viele gehen mit ihrem Körper um wie mit ihrem Auto. Man holt aus ihm das Letzte heraus, und wenn er nicht mehr mitmacht, bringt man ihn zur Reparatur in die Klinik. Von der Haltung ausgehend, ist Meditation zunächst ein körperliches Training, das uns mit unserem Körper wieder zusammenbringt.

Wahrscheinlich ist dies auch der Grund, warum Sex immer wieder so fasziniert: Wir haben tatsächlich hier eine unserer letzten Möglichkeiten, zur Ganzheit zu finden. Wir suchen in der richtigen Richtung. Allerdings findet Sex meistens nur abstrakt im Gehirn statt. Wir jagen irgendeiner Vorstellung nach, aber es kommt nicht zu wirklicher Begegnung. Der eigene Körper wie der des anderen wird wie eine Sache behandelt, aus der man an Lust herausholt, was herauszuholen ist. Wenn wir wirklich identisch wären mit unserem Leib, dann würden wir mit einer Feinfühligkeit ohnegleichen auch auf den Leib des anderen eingehen können. Wir würden wirklich in ihn eingehen und würden in der Liebesbegegnung aus der Spaltung und Fremdheit herauskommen und zurück ins Leben finden.

*Lassen wir doch einmal uns selbst kommen!* Wenn uns nach Weinen zumute ist, dann geben wir dem Weinen statt, weinen wir uns einmal gründlich aus. Wir haben uns immer viel zu sehr in der Gewalt gehabt – oder Gewalt angetan. Also bin ich das auch – hinter der Fassade des Ausgeglichenen der, der da haltlos weint? Oder wenn wir toben oder schreien möchten, dann machen wir es einmal in Gottes Namen: Toben wir, schreien wir! Toben wir uns gründlich aus! Oder wenn uns nach Lachen zumute ist, ganz ohne Grund, wie es scheint, dann lachen wir einmal, lachen wir schallend, so unschicklich es vielleicht scheinen mag! Wenn wir allein sind, so brauchen wir ja keine Hemmungen haben. Vielleicht fällt uns eine kleine Melodie ein aus Kindertagen, ein Kinderreim. Genieren wir uns nicht, wenn uns danach zumute ist – summen wir dieses Kinderliedchen, singen wir es. Finden wir damit vielleicht wieder zurück zu dem, was wir noch hatten, als wir Kinder waren.

## Wünsche

Und dann legen wir uns einmal auf eine Wiese, schauen wir in den Himmel, sehen wir den ziehenden Wolken nach – und dann fragen wir uns: *Was wünsche ich mir eigentlich?* Lassen wir einmal alles hervorkommen! Was wünsche ich mir am meisten? Unter dem, was da aufsteigt, mögen unerfüllbare Wünsche sein. Was macht man mit ihnen? Vielleicht sind sie doch nicht unerfüllbar. Wir haben es nur bisher nicht gewagt, an ihre Erfüllung zu glauben und sie zu realisieren. Dann sollten wir es wagen, uns unseren Wunsch zu erfüllen, auch wenn die ganze Verwandtschaft Kopf steht. Wir werden dabei übrigens merken, daß es viel schwerer ist, sich einen Wunsch zu erfüllen, als ihn zu unterdrücken. *Indem wir darangehen, den Wunsch zu realisieren, verwirklichen wir uns selbst*, nehmen wir Möglichkeiten in uns wahr und nützen Fähigkeiten, die bisher brachlagen. Wir werden dabei erleben, daß uns durch die Meditation Kräfte zuwachsen, die wir bisher nicht hatten.

Ich kenne einen jungen Mann, der durch die Meditation zu einem Berufswechsel kam. Er war Ingenieur gewesen, aber sattelte nun um und wurde Krankenpfleger in einem großen Krankenhaus. Äußerlich gesehen schien das wie eine Degradierung. Für ihn war es aber die Realisierung eines Wunsches, ein einfaches, schlichtes Leben zu führen, das ihm Zeit ließ zur Meditation. Zugleich konnte er die fürsorgende, weibliche Seite seines Wesens hier ausleben.

Die Realisierung eines Wunsches kann auch in eine andere Richtung führen. Eine Frau von 40 Jahren, Mutter von zwei erwachsenen Kindern, hatte nur eine Dorfschule besucht und erfüllte sich nun einen Wunsch, den sie seit Kindertagen hatte und der unerfüllbar schien: Sie überwand alle Widrigkeiten und Widerstände und machte in einem Jahr ihr Abitur, fast gleichzeitig mit ihrer Tochter, und studiert nun Mode-Design.

Eine dritte Frau, die ich kenne, gab alle ihre Ämter auf, um einmal wirklich die Dinge tun zu können, die ihr am Herzen lagen. Sie lernt im Augenblick Englisch und will für ein Vierteljahr nach Indien fahren, um dort in einem *Ashram* zu leben. So könnte ich noch viele Beispiele hinzufügen.

Wir müssen aber auch der anderen Möglichkeit ins Auge sehen, daß Wünsche wirklich unerfüllbar sind. Wir können sie nicht realisieren, weil unsere Lebensumstände es nicht zulassen oder auch unsere positiven Möglichkeiten hier ihre Grenze haben. Wir haben auch Mängel oder Gebrechen, die wir nicht abstellen können, mit denen wir leben müssen. Dann ist *der bewußte Verzicht* nötig und auch immer befreiend. Wir haben diesen Wunsch dann wirklich begraben. Er schwelt nicht mehr im Unbewußten weiter und beunruhigt uns und verdirbt uns alle Freude am Erreichbaren. Vielleicht hängt die Unerfüllbarkeit eines Wunsches einfach mit der Tatsache zusammen, daß wir *uns selbst annehmen* müssen, *wie wir sind*. Das kann dann auch befreiend sein, wenn wir zu uns selbst sagen: »Ich bin ich. Ich will nicht immer etwas darstellen, was ich gar nicht bin. Ich will ich sein.«

Ich habe manche jungen Leute getroffen, die in ihrer Meditationsbegeisterung den Bogen überspannten, indem sie meinten, nur noch aus einem geistigen Prinzip heraus leben zu sollen. Eines Tages mußten sie einsehen, daß wir nicht nur Seele sind, sondern auch Leib, und daß dieser Leib Bedürfnisse hat: Hunger und Durst und sexuelles Verlangen. Es ist nicht gut, das ständig zu verdrängen oder zu ignorieren, sonst führt das zu einer Katastrophe.

Das bedeutet nicht, daß die Lösung in einem hemmungslosen Sich-Ausleben liegt. Damit würden wir wieder das Geistige, das Humanum aufgeben. Aber was für junge Menschen oft schwer zu verstehen ist, lehrt uns dieses als Tai-ki bekannte Symbol altchinesischer Weisheit: das Ineinandersein von Geistigem und Materiellem, von Himmel und Erde, von Yang und Yin. Eine Entweder-Oder-Haltung mag imponierend erscheinen, ist im Grunde aber blind für diese Wirklichkeit. Die Wahrheit liegt im Sowohl-Als-auch. Asketische Leibfeindlichkeit führt nur tiefer in die Spaltung und Zerrissenheit. Statt ständig mit uns im Streit zu liegen, sollten wir *auch die dunkle Seite unseres Wesens annehmen*. Sie bleibt nun nicht mehr abgeschnitten von uns, wird nicht länger negiert, sondern wird ein Teil von uns. Dann sind wir auf dem besten Wege, ganz zu werden. Rilke weist in diese Richtung, wenn er sagt:

»Wer seines Lebens viele Widersinne
versöhnt und dankbar in ein Sinnbild faßt,
... wird *anders* festlich ...«

Es kann sein, daß diese dunkle, bisher abgelehnte Seite unseres Lebens eine künstlerische Begabung enthält, die nun ans Licht kommt und sich entfalten kann, oder eine nie verstandene Religiosität, Sehnsucht nach der Erfahrung mit der Transzendenz. Das Leben wird nun »anders festlich«.

Wer sich allerdings nur die Rosinen aus dem Kuchen des Lebens herauspicken will, hat Meditation gründlich mißverstanden und sollte besser die Finger davon lassen. *Meditation ist ein Reifungsprozeß.* Wer sich auf Meditation einläßt, läßt sich damit auf ein Abenteuer ein, bei dem er noch nicht genau weiß, was dabei herauskommt. Eins aber steht fest: Daß er nicht so bleiben wird, wie er jetzt ist. Durch Meditation wird er sich verändern.

Was sich dabei verändert, kann man am besten gerade an dem *Stellenwert* aufzeigen, *den das Leid für uns hat.* Unser Leben verläuft in Stufen: Kindheit, Reife und Alter. Obwohl man altersmäßig diese Stufen klar abgrenzen kann, sind sie keineswegs in der persönlichen Biographie des Einzelnen so klar unterschieden vorhanden, als hätte man die frühere Stufe schon ganz hinter sich gelassen. Da befindet sich einer dem Alter nach und auch in dem, was er in seinem Beruf leistet, auf der Stufe der Reife. In seinem häuslichen Leben aber gebärdet er sich als ein egozentrisches Kind, um das sich alles zu drehen hat und dem alle Wünsche zu erfüllen sind. Bei einem anderen sind deutliche Zeichen der Reife vorhanden, vielleicht in der Hingabe an ein künstlerisches Werk oder in der Verantwortung, die er für andere übernimmt. Aber in seinem sexuellen Leben gibt es Fixierungen, die ihn an die Kindheit binden.

*In der Kindheit besteht Gegnerschaft zu allem Leiden.* Man ist auf reibungslosen Lebensgenuß eingestellt, auf Behagen und Sicherheit. Darum wird alles, was Schmerzen und Leiden verursacht, als negativ empfunden und abgelehnt. Der Tod ist in diesem Stadium der große Widersacher. Für das Kind ist es normal, daß es auf reibungsloses Dasein ausgerichtet ist.

Auf der zweiten Stufe aber, der Stufe der Reife, dreht sich nicht mehr alles um das liebe Ich, sondern ein Anderer oder ein Anderes erhält Gewicht. Ich möchte sie darum *die altruistische Stufe* nennen im Gegensatz zur egozentrischen Stufe der Kindheit. Der Andere – das kann ein anderer Mensch sein, eine Gemeinschaft oder auch eine Sache, ein Werk, das man übernommen hat. Liebe hört auf dieser Stufe auf, nur possessiv, besitznehmend zu sein, wie es beim Kind der Fall ist. Sie wird jetzt ein Dasein für den Anderen oder das Andere. Leiden und Tod können auf dieser Stufe durchaus einen anderen Stellenwert bekommen. Man fühlt plötzlich, daß man bereit ist, mit und für den Anderen oder das Andere zu leiden, ja, daß dieses »Andere« so wichtig geworden ist, daß man sein Leben dafür lassen könnte. Leiden und Tod werden hier zur Bewährungsprobe, zur Probe, ob die Liebe stimmt.

Diese Stufen sind – wie gesagt – nicht so klar abgegrenzt in der Biographie des Einzelnen vorhanden, die frühere Stufe der Kindheit wird oft nie ganz verlassen und besteht neben der anderen fort. Und leider ist es auch nicht so, daß mit zunehmendem Alter auch zunehmende Reife eintritt und wir weiser und gütiger werden. Viele verbringen ihr ganzes Leben auf der ersten Stufe und gebärden sich auch im Alter noch furchtbar egoistisch. Mit der natürlichen Leidensscheu haben wir ja alle zu tun. Aber Reife hängt damit zusammen, daß der Wunsch nach Lust und Leidlosigkeit nicht mehr das allein Bestimmende ist, obzwar auch noch da, und daß der oder das »Andere« immer mehr in den Mittelpunkt rückt.

Es gibt noch eine dritte Stufe. Ich nenne sie *die Stufe der Transzendenz*. Nicht, daß sie auf den anderen Stufen nicht auch schon da war, aber hier geben wir ihr freien Raum. Oder ich sollte besser umgekehrt sagen: Wir kommen ins Weite, der Horizont weitet sich. Hier verlieren Leid und Tod ihre Schrecken. Wir haben keine Angst mehr vor ihnen, ja, sie werden Durchgangsort zu einer neuen Existenz. Transzendenz meint Überschreitung einer Grenze. Wir erfahren »das ganz Andere«, das, was dahinter ist. Auf der dritten Stufe – sagen wir es offen – dreht es sich um Gott. Aber wir müssen es nicht Gott nennen, zumal wenn uns dann der alte Mann mit dem Bart vor Augen steht. Mit dem Namen »Gott« ist so viel Mißbrauch getrieben worden, er ist für so viele widerstreitende Zwecke eingespannt worden, daß man besser das Wort »Gott« nicht mehr so häufig gebraucht. Ich meine ja auch nicht den Gott einer bestimmten Kirchenlehre, einer Konfession oder Religion; ich meine Erfahrungen mit Gott. Darum nennen wir es lieber: Transzendenz.

Jeder Mensch hat *Erfahrungen mit der Transzendenz*, denn Transzendenz gehört zum Menschsein. Auf dem Weg der Selbstfindung sehe ich, daß ich nicht identisch bin mit dem vordergründigen, konstruierten kleinen Ich, sondern daß ich irgendwo weit dahinter bin, wo ich mich suchen muß. Offenbar gehört zu unserem Lebensweg auch der Himmel, ja wir kommen erst dadurch richtig zum Menschsein.

Man kennt Bilder wie dieses: Da hat einer einen Weg fotografiert. Es ist eigentlich die Straße zwischen X und Y. Aber wie er das Bild aufgenommen hat, war die Straße regennaß; in den Pfützen spiegelt sich der Himmel. Und überhaupt ist viel Himmel auf dem Bild zu sehen. Der durch Bäume eingefaßte Weg führt scheinbar in den Himmel. So spiegelt sich der Himmel in unserem Dasein, vielleicht in einer Pfütze. Wir sind umgeben vom Himmel. Transzendenz wird nie direkt erfahren, sondern immer vermittelt durch etwas anderes, wo es hindurchscheint oder sich spiegelt.

153

Erfahrungen mit der Transzendenz kann man auch nicht festhalten. Sie verflüchtigen sich, gerade wenn wir sie halten wollen. Sie werden nur erfahren – wie das Wort Transzendenz es sagt – im Übergang, im Vorbeigehen, im Passieren. Es sind die großen Augenblicke, wo wir in unserer inneren Entwicklung einen Schritt vorwärts machen, ein Moment der Traurigkeit, wo wir etwas aufgeben oder uns etwas genommen wird; und in dieser Erfahrung liegt zugleich eine große Beglückung. Wir erfahren: Das Leben besteht nicht im Haben, sondern im Sein.

## Die zwei Wirklichkeiten

Transzendenzerfahrung läßt sich immer nur sehr schwer in Worte fassen. Der Schweizer Professor für psychosomatische Medizin *Balthasar Staehelin* hat sich viel mit dieser Art von Erfahrung befaßt und spricht von einer ersten und zweiten Wirklichkeit.

Ich gebe ein von ihm entworfenes Diagramm in vereinfachter Form wieder. Wenn wir uns bewußt bleiben, daß es nur ein Herantasten ist, mag es zum Verständnis dienen.

Unser Leben verläuft in der ersten Wirklichkeit zwischen Geburt und Tod auf unserer »Zeit-, Raum- und Biographiegeraden«, auf der Zeichnung dargestellt als die horizontale Linie. In der ersten Wirklichkeit sind wir jeder für sich, im Grunde »einsam wie Schwimmer im selben Gewässer« (Ina Seidel), selbst wenn wir heiraten. In und mit der ersten aber wird auch immer schon eine zweite Wirklichkeit erfahren, nur zeichenhaft meistens. Es blitzt auf.

*Zeichen dieser zweiten Wirklichkeit* erfährt jeder. Aber nicht von jedem werden die Zeichen aufgenommen und verstanden. Was mich bei meinem Meister Roshi Nagaya am meisten frappierte, war dies: Wir waren zu ihm gekommen, um meditieren zu lernen. Er aber zeigte uns am ersten Tage, wie man eine Tür leise zumacht, und brachte viel Zeit damit zu, unsere Schuhe zu ordnen, die draußen vor der Meditationshalle kreuz und quer durcheinander standen. Warum diese Rücksicht? Warum dieser Hang zur Ordnung? »Jede ordnende oder Ordnung heischende Geste«, sagt der amerikanische Soziologe Peter L. Berger, »ist . . . ein Zeichen der Transzendenz«, und er fragt: Warum können Mütter ihre weinenden Kinder trösten, die nachts, vielleicht aus schweren Träumen, erwachen und sich allein finden? Warum können sie sagen: »Hab keine Angst« – »alles

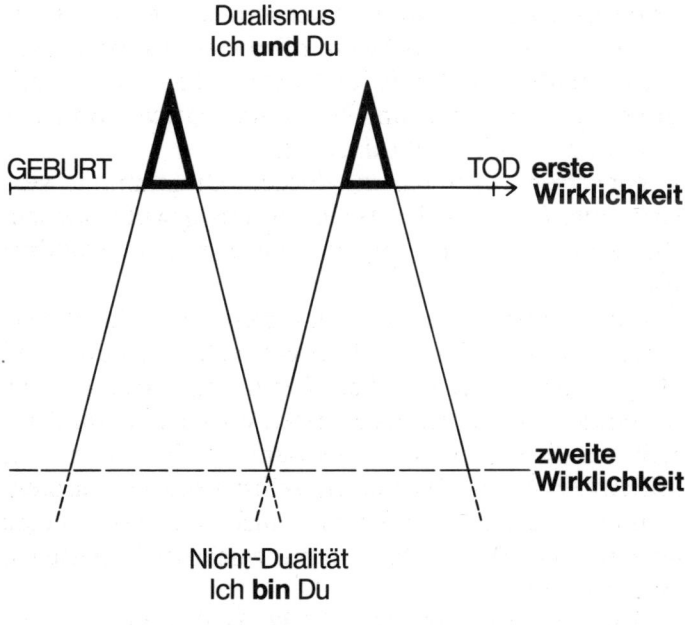

*Die zwei Wirklichkeiten*

155

ist in Ordnung!« – »alles ist wieder gut«? Wo haben sie diese Gewißheit her, daß alles in Ordnung ist, daß alles gut wird? Die Tatsache, daß wir so einander trösten können, daß wir Hoffnung haben füreinander: »Es wird alles gut!«, wenn auch diese Hoffnung sich nur unbeholfen und allgemein artikulieren läßt und ihr noch jede Anschauung fehlt, ist ein Zeichen für die zweite Wirklichkeit.

In jeder echten Liebesbeziehung wird Transzendenz erfahren. Es gibt eine Verbundenheit zwischen zwei Menschen, die zusammen leben, daß sie einander schreiben können, wenn sie voneinander getrennt sind: »Es gibt gar keine Entfernung!« Sie sprechen in Gedanken miteinander, nehmen teil, begleiten einander, ja, sie sind einer im anderen, auch wenn sie Hunderte und Tausende von Kilometern auseinander sind. In einer großen Liebe erfüllt sich der Sinn des Lebens im Du: »Ich lebe nur, weil du da bist.« – »Du gibst meinem Leben erst einen Sinn.« Hier ist Transzendenz.

Auch die Tatsache, daß wir füreinander sorgen können, ist ein Hinweis. Von der ersten Wirklichkeit her gäbe es nicht viel Anlaß dazu. Ich habe einen Freund, der, durch die Erfahrung des Krieges und durchs Leben gereift, bei jedem Abschied von seiner Frau auch mit der Möglichkeit rechnet, daß ihm etwas zustößt und sie sich nicht wiedersehen. Für diesen Fall gibt er ihr dann noch genaue Anweisungen, was sie dann tun sollte. In dieser Fürsorge für die geliebte Frau ist ein Aufleuchten, ein Darüberhinaus.

Es gibt noch etwas neben und hinter der horizontalen Linie der durch Geburt und Tod begrenzten Wirklichkeit. Es gibt eine überrationale Daseinserfahrung, in der unser kleines, begrenztes Leben einen unendlichen Wert bekommt. Immer, wenn wir Hoffnung haben, wenn wir Liebe spüren, wenn wir Fürsorge erfahren oder geben, nähern wir uns dieser zweiten Wirklichkeit.

Im Diagramm müssen wir die zweite Wirklichkeit in vertikaler Richtung von oben nach unten ablesen. Sie reicht in die Tiefe. Die beiden Individuen, die als spitze Dreiecke dargestellt sind, sind auf der Ebene der ersten Wirklichkeit noch unverbunden nebeneinander: Ich *und* Du. Jeder lebt sein Leben für sich, zwei Individuen. Bei der zweiten Wirklichkeit aber erfährt man: Ich *bin* Du. Wenn wir die Linien der beiden Schenkel dieser Dreiecke unterhalb der Basis der ersten Wirklichkeit weiterverfolgen, sehen wir: Sie überschneiden sich, gehen ineinander auf. Wir können diese Linien nach unten immer weiter ausziehen und wissen uns mit immer mehr Menschen eins: mit unserem Volk und schließlich mit der ganzen Menschheit. In meiner Tiefe schlummert uraltes Wissen, das Schatzhaus der Erinnerungen vieler Generationen steht mir offen. Plötzlich werden alte Texte wieder verstanden. Der Satz »Du sollst deinen Nächsten lieben wie dich selbst« ist eine gefrorene Transzendenzerfahrung. Erst durch die Erfahrung, das Wissen: »Der andere bin ich!«, wird uns das Liebesgebot erneut lebendig, verstehen wir es.

Aber auch zu einem Satz, wie ihn der Apostel Paulus zum Lobpreis Gottes in seinem Römerbrief schreibt, haben wir plötzlich einen Zugang: »von ihm und durch ihn und zu ihm sind alle Dinge«. Der Kreis, in dem sich alles wiederfindet, schließt sich – der Kreis, wo alle Unterschiede aufgehoben sind, wo Anfang und Ziel eins sind. Wir finden unseren Lebensgrund »in Gott«, »in ihm leben, weben und sind wir«.

Es mag sein, daß die Prognose Pater Lassalles zutrifft und wir einem neuen mystischen Zeitalter entgegengehen. Die allgemeine große Aufgeschlossenheit, gerade auch unter der Jugend, allem gegenüber, was über das vordergründige Dasein hinausführt, deutet darauf hin.

Es geht bei der Transzendenz nicht um einen Glaubensartikel, der von der Kirche verwaltet wird und von dem man oft reden hört, wie Blinde von der Farbe reden, sondern um innere Erfahrung, die zum lebendigen Glauben führt, in dem man sich verankern kann. Wenn wir solche Erfahrungen machen, sollten wir nicht darüber reden, weil man so etwas so leicht zerreden kann, aber stets daran denken und in der neuen Haltung leben.

## Der Sinn der Symbole

Es gibt *keine Bewußtseinserweiterung ohne Disziplin*, ohne dieses Sich-Hinbereiten, der neuen Erfahrung gemäß zu leben. Sonst sind solche Erfahrungen für uns nutzlos. Da wir Menschen vergeßliche Leute sind, brauchen wir *Zeichen der Erinnerung. Symbole* haben diesen Sinn. Manchem genügt ein Knoten im Taschentuch. Deutlicher ist ein Zettel, den wir am Armaturenbrett im Auto befestigen oder ins Portemonnaie stecken. Wir können das chinesische *Symbol des Tai-ki* uns aufzeichnen, das uns daran erinnert, die Gegensätze auszuhalten und Harmonie anzustreben. Wenn wir uns das immer vor Augen halten, lernen wir Ausgeglichenheit und Maßhalten. Oder *ein einfacher Kreis*, der uns an die letzte Geborgenheit erinnert. Oder wir versuchen, die Erfahrung der zweiten Wirklichkeit in einem Symbol zum Ausdruck zu bringen, vielleicht in einem *Kreuz mit zwei Pfeilspitzen.*

Von daher verstehen wir auch das Kreuz noch in seiner tieferen Bedeutung. Es ist ein Marterholz, aber es kann mich zugleich daran erinnern, daß die Horizontale meiner durch Geburt und Tod begrenzten ersten Wirklichkeit gekreuzt wird von einer Vertikalen, einer zweiten Wirklichkeit, die in die Tiefe reicht und wo ich mich im Du wiederfinde. Jedes Kreuz kann mich daran erinnern. Wir können die gemachte Erfahrung auch mit ein paar Worten notieren. »Nicht Haben, sondern

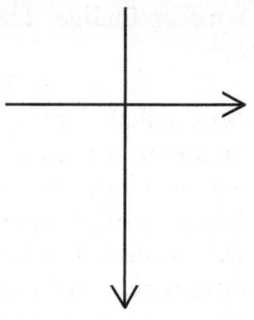

Sein« zum Beispiel. Meine Frau steckte mir einen Zettel ins Notizbuch, auf dem stand: »Nicht vergessen – ich liebe Dich!« So etwas kann uns helfen, in der neuen Haltung zu leben.

Als Pascal starb, fand man in dem Futter seiner Jacke eingenäht ein Stück Pergament und darin eingewickelt ein Papier. Beides, Pergament und Papier, trug dieselben Worte. Eines war offensichtlich die Abschrift vom anderen. Es war, wie sich sehr bald herausstellte, ein Erinnerungsstück, ein Andenken an eine Nacht solcher Erfahrung, um sie nie wieder zu vergessen. Offenbar hat Pascal darum immer, wenn er sich einen neuen Rock machen ließ, sich die Mühe gemacht und das Schriftstück in das Futter des neuen Rockes eingenäht, um es auf diese Weise immer bei sich zu tragen und es knistern zu hören. Das Papier trägt das Datum: »Im Jahr der Gnade 1654. Montag, 23. November, . . . von halb elf Uhr abends bis eine halbe Stunde nach Mitternacht.« Und dann kommt eine Art Kurzprotokoll dessen, was sich begeben hat und was sich doch kaum mit Worten sagen läßt. »Feuer«, liest man da, dann folgen die Worte: »Gewißheit. Gewißheit . . . Freude. Friede . . .« Man liest Sätze wie: »Vergiß die Welt und alles außer Gott.« Ein wenig später wiederholen sich die Worte: »Freude, Freude, Freude, Tränen der Freude.«

## Satori und christliche Transzendenzerfahrung

Was Pascal erlebte, wird in anderer Weise, aber ebenso plötzlich und unerwartet, im Zen-Buddhismus als Satori oder Erleuchtung erfahren. Die *Satori-Erfahrungen* hat Lassalle in seinem großen Werk über den Zen-Buddhismus genau untersucht und sie mit Erlebnissen christlicher Mystiker verglichen. Wenn zwei dasselbe tun oder erleben, ist es noch nicht dasselbe. Auch darauf hat Lassalle hingewiesen und die Frage gestellt, wieweit Satori offen ist zu christlicher Transzendenzerfahrung.

Für Pascal ist dieses Erlebnis ein Heimfinden zu seinem eigenen Wurzelgrund, zum »Gott Abrahams, Isaaks und Jakobs«, wie es ausdrücklich im Mémorial heißt, »nicht der Philosophen und Weisen Gott«. Der Mathematiker und bisherige Freigeist nimmt ausdrücklich Abstand von jedem abstrakten Gottesbegriff. Nicht das All-Eins-Sein, nicht die Leere oder das Nichts ist gemeint, sondern »der Gott Jesu Christi«. Daß er gerade mit dieser Erfahrung in seiner Kirche ein Außenseiter blieb, steht auf einem anderen Blatt. Er hat sich aber trotz seiner Nähe zum Jansenismus nie von der offiziellen Kirche getrennt.

Nach meiner persönlichen Erfahrung habe ich starke Zweifel, ob eine »Morgenlandfahrt« unserer Jugend in der Weise, daß sie sich einem indischen Guru anschließen oder in ein Zen-Kloster nach Japan gehen, sinnvoll ist. Ich kann zwar in die weiße Kleidung des Sikhs schlüpfen, einen Turban tragen und mir Haare und Bart wachsen lassen. Oder ich kann auch mit kahlgeschorenem Kopf herumlaufen und das Gelb der buddhistischen Mönche tragen oder die schwarze Robe der Zen-Mönche. Man sagt: »Kleider machen Leute.« Trotzdem wird mir bei einem Transzendenzerlebnis wahrscheinlich nicht der Buddha, sondern eher Christus begegnen. Mancher muß allerdings erst einmal in die Fremde, um herauszufinden – und darin liegt der Sinn für ihn –, wo er eigentlich hingehört und zu Hause ist. *Gerade bei einer Transzendenzerfahrung werden wir uns unseres christlichen Wurzelgrundes wieder bewußt.* Man kann sagen, daß mit wenigen Ausnahmen, die die Regel bestätigen, es kaum einem Abendländer glückt, in einem fremden religiösen Boden, im Buddhismus oder Hinduismus, wirklich Wurzel zu schlagen. Selbst wenn wir kein bewußtes Verhältnis zum Christentum haben, können wir doch unsere ganze abendländische Tradition, die aus dem Christentum gespeist ist, nicht ungeschehen machen. Wir sind durch sie geprägt und insofern mehr Christen, als wir denken. Christen vor allem auch in der Weise, daß wir nicht auf ein personales Gegenüber verzichten können. Ob es nun die Du-Erfahrung in der Liebe zweier Menschen ist oder die große Du-Erfahrung in der Gottesliebe – immer wird sich uns Transzendenz im Du öffnen. Ich halte es durchaus für möglich, daß sich die verschiedenen religiösen Wege, insofern sie die eine Wahrheit auf verschiedene Weise widerspiegeln, »im Letzten treffen«. Trotzdem gibt es aber einen uns gemäßen Weg, den wir als Abendländer gehen müssen.

### Ist Meditation ein Erlösungsweg?

Es bleibt noch die Frage zu beantworten, die die christlichen Kirchen immer wieder stellen, welche Rolle bei der Erfahrung der Transzendenz die Meditation spielt; oder – direkter gefragt: Vermittelt mir Meditation ein solches Erlebnis? Ist sie somit *ein Erlösungsweg*?

Die Meditation ist ein von den Kirchen leider sehr vernachlässigtes Gebiet, vernachlässigt nicht nur in der Weise, daß sie kaum praktiziert wird, sondern auch darin, daß kaum darüber nachgedacht wird. Es gibt bis heute noch keine Theologie der Meditation.

Die Haltung der beiden großen Kirchen ist naturgemäß etwas verschieden. Die katholische Kirche hat einige führende Meditationsleute wie *Lassalle, Lotz* und *Tilmann* in ihren Reihen und hat von ihrer Tradition her es auch leichter, Meditation einzuordnen und aufzunehmen. So sind auch heute Klöster Stätten der Meditation geworden, wo Kurse in Zen und anderen Meditationsweisen abgehalten werden.

In der evangelischen Kirche ist Meditation eigentlich nur Sache einer exklusiven Gruppe gewesen, die für eine liturgische Erneuerung eintrat und bei der Tradition der alten vorreformatorischen Kirche anknüpfte. Sie entdeckte das Stundengebet wieder, und hier fand auch Meditation Eingang, vor allem in Gestalt der Übungen von *Carl Happich*, ein Meditationsweg, der später von *Friso Melzer* fortgeführt wurde. Neben Friso Melzer und dem in Berlin wirkenden *Klaus Thomas* ist nur noch Graf Dürckheim zu nennen, den man zwar nicht für die evangelische Kirche vereinnahmen kann, der aber in ihr doch manchen Einfluß ausübt.

Ich selbst biete seit fünf Jahren Meditation als festes Programm an meiner Kirche in Hamburg an, ein Angebot, das von Menschen aus allen Kreisen in Anspruch genommen wird, die oft von weither kommen. Auf meinen Kursen werde ich aber immer wieder erstaunt gefragt, wieso ich als Pastor Meditation lehre und ob ich noch Christ sei. Weil diese Frage immer wieder kommt, die im Grunde hinzielt auf die andere Frage, ob Meditation ein Erlösungsweg ist, sei sie hier beantwortet.

Bei Meditation geht es um Erfahrung. Auch Chri-

162

stentum ist ohne Erfahrung nicht vorstellbar. Gerade aus meinen Gesprächen mit jungen Theologen kann ich Klaus Bambauer nur recht geben, der von einer »Tendenzwende im Bereich unseres Christentums« spricht und feststellt: »Erfahrung wird wieder ernstgenommen.«

Meditation hat ihren theologischen Ort in der Anweisung Jesu an die Jünger: »*Bleibt hier und wartet.*« Es geht um das Warten auf den Heiligen Geist, wobei wir voraussetzen, daß er noch nicht auf uns gekommen ist, sondern daß die Verheißung noch aussteht. Es geht bei Meditation darum, daß wir *das Warten wieder lernen.* Darum meditieren wir. Es könnte sein, daß solches Meditieren in die Leere führt, daß wir das Fehlen Gottes wahrnehmen. Aber daß wir überhaupt merken, daß uns etwas fehlt – daß uns vielleicht Gott fehlt, das wäre schon eine Erfahrung, die wichtig ist und die uns auf das ganz andere, auf die Transzendenz vorbereitet.

Meditation kann zum Satori führen, weil diese »Erleuchtung« als eine menschliche Erfahrung zu betrachten ist, die in unserem Bereich der Möglichkeit liegt. Das ist noch keine Gotteserfahrung im christlichen Sinn, schließt aber doch das Erlebnis ein, irgendwo getragen und geborgen zu sein. Selbst dies haben wir jedoch nicht in der Hand. Es kann auch bei ernsthaftestem und andauerndem Meditieren nicht vorausgesagt werden, ob und wann es geschieht. Es bleibt – christlich gesprochen – Gnade.

Meditation kann also theologisch eingeordnet werden in den Bereich des Wartens, des Sich-Bereitens. Was wir in dieser Hinsicht tun können, sollten wir tun. Daß es geschieht, daß uns eine solche Erfahrung zuteil wird, das haben wir nicht in der Hand, sondern können wir uns nur in die Hand legen lassen als ein Geschenk. Aber durch die Übung der Meditation haben wir immerhin in der Hand, daß wir lernen, ganz da zu sein. Das hat auf das Handeln eine verwandelnde Kraft. Je mehr ich in meine Tiefe komme, je mehr werde ich »ich selbst«. Was kommt dabei heraus? Etwas mehr Kraft, etwas mehr Wärme, etwas mehr Liebe. Mehr Unmittelbarkeit. Es kommt dabei gewiß nicht etwas heraus, was uns über die anderen hinaushebt, sondern im Gegenteil, wenn alles richtig läuft, werden wir immer schlichter und einfacher, so daß am Schluß dabei herauskommt – nichts anderes als eben *ein Mensch*.

# 11.
# Anhang

# Literaturnachweis

Klaus Bambauer, Perspektiven mystischer Erfahrung. In: Deutsches Pfarrerblatt, 76. Jahrgang, August 1976, S. 453–455.

Charles Baudouin, Psychoanalyse des religiösen Symbols. Würzburg, 1962.

Peter L. Berger, Auf den Spuren der Engel. Die moderne Gesellschaft und die Wiederentdeckung der Transzendenz. Frankfurt a. M. 1972.

Bi-Yän-Lu. Niederschrift von der smaragdenen Felswand. Übersetzt von Prof. Gundert. 2. Band München 1967 (3 Bände erschienen).

Harold H. Bloomfield, M. D., Michael Peter Cain, Dennis T. Jaffe and Robert B. Kory, TM Discovering inner energy and overcoming stress. New York 1975.

Irma Bodmershof, Sonnenuhr. Salzburg 1970.

Martin Buber, Die Erzählungen der Chassidim. Zürich 1949.

Karlfried Graf Dürckheim, Hara, die Erdmitte des Menschen. München 1956.

J. M. Déchanet, Mein Yoga in 10 Lektionen. Luzern 1963.

Karlfried Graf Dürckheim, Der Ruf nach dem Meister. 2. Auflage, München 1975.

Dr. H. Egenolf, Wunder des Atmens. Stuttgart 1972.

Ernst Eggimann, Meditation mit offenen Augen. München 1974.

Lama Anagarika Govinda, Grundlagen tibetischer Mystik. Zürich 1966.

Bernhard Grom, Meditation: Sinnfindung durch Lebensbetrachtung, in: »Meditation – Blätter für weltoffene Christen«, 3–1975, Seiten 12ff.

Olaf Hanssen/Reinh. Deichgräber, Leben heißt Sehen. Anleitung zur Meditation. Göttingen 1968.

Carl Happich, Anleitung zur Meditation. 3. Aufl. Darmstadt 1948.

Anneliese Harf in: Josef Fuchs – Anneliese Harf, Meditieren im Alltag. Hinführung und Anleitungen. Band 11 der Sammlung Pallotti. Friedberg bei Augsburg 1969.

Hermann Hesse, Gesammelte Werke, 1. Band. Frankfurt a. M. 1970.

Maria Hippius (Herausgeber), Transzendenz als Erfahrung. Festschrift zum 70. Geburtstag von Graf Dürckheim. Weilheim/Obb. 1966.

St. Ignatius Loyola, Geistliche Übungen. München 1923.

Pir Vilayat Inayat Khan, Toward the One. New York 1974.

Hellmuth Kleinsorge u. Gerhard Klumbies, Technik der Hypnose für Ärzte. Jena 1969.

Dietrich Krusche, Haiku. Bedingungen einer lyrischen Gattung. Übersetzungen und ein Essay, Tübingen und Basel 1970.

Erika Landau, Psychologie der Kreativität. 3. Aufl. München 1974.

Laotse, Tao te king. Das Buch des Alten vom Sinn und Leben. Aus dem Chinesischen übertragen und erläutert von Richard Wilhelm. Düsseldorf/Köln, 1957.

Hugo M. Enomiya-Lassalle, Zen-Buddhismus. 2. erweiterte Auflage, Köln 1972.

Johannes Lotz, Betrachtung – Meditation – Kontemplation. In: Meditation – Blätter für weltoffene Christen 3–1975, Seite 1–3.

Johannes Lotz, Einübung ins Meditieren am Neuen Testament. Frankfurt a. M. 1965.

167

Johannes Lotz, Meditation im Alltag. Frankfurt a. M. 1963.

Friso Melzer, Innerung. Wege und Stufen der Meditation. Kassel 1968.

Dr. med. J. von Mengershausen, Entspannung durch autogenes Training. Eine Übungsanleitung. Bad Homburg v. d. H., 4. Aufl. 1973.

Nyanaponika, Geistestraining durch Achtsamkeit. Die buddhistische Satipatthana-Methode. Konstanz 1970.

Ulrich Ott, Meditation praktisch. Vorschläge und Schritte. Basel 1974.

Blaise Pascal, Pensées. Texte édition Brunschvick. Introduction Ch.-M. des Granges. Paris 1964.

Blaise Pascal, Über die Religion und über einige andere Gegenstände (Pensées). Übertragen und herausgegeben von E. Wasmuth. 6. Aufl. Heidelberg 1963.

Kleine Philokalie zum Gebet des Herzens, herausgegeben von Jean Gouillard. Zürich 1957. Originaltitel: Petite Philocalie de la Prière du Cœur. Paris 1953.

Aufrichtige Erzählungen eines russischen Pilgers. Herausgegeben von Reinhold von Walter. 4. Aufl. Freiburg 1968.

Udo Reiter (Herausgeber), Meditation – Wege zum Selbst. München 1976.

Hans-Ulrich Rieker, Das Geheimnis der Meditation. Zürich 1953.

Rainer Maria Rilke, Ausgewählte Werke, Band I. Leipzig 1938.

Friedrich Rittelmeyer, Briefe über Pflege des inneren Lebens. Hektographierte Ausgabe o. O. o. J.

Karl Bernhard Ritter, Über die Meditation als Mittel der Menschenbildung. Kassel 1947.

Yogiraj Boris Sacharow, Was ist Yoga? Grundlagen und praktische Anleitung. Berlin-Schöneberg, 1968.

Erich Schmidt, Wer ist Krishnamurti. Berlin 1970.

Prof. J. H. Schultz, Das Autogene Training (Konzentrative Selbstentspannung). Versuch einer klinisch-praktischen Darstellung. 8. vermehrte u. verbess. Auflage, Stuttgart, 1953.

Lutz Schwäbisch/Martin Siems, Anleitung zum sozialen Lernen für Paare, Gruppen und Erzieher. Kommunikations- und Verhaltenstraining. Reinbeck bei Hamburg 1976.

Alla Selawry, Herzensgebet. Ein Weg geistiger Erfahrung. Ulm 1964.

Karin Stegemann, Unterweisungen in Zen-Meditation durch Pater Lassalle. In: »Buddhistische Monatsblätter« XIV/12, 1968, Seite 179.

Karin Stegemann, Nagaya Roshi zum 80. Geburtstag. In »Buddhistische Monatsblätter«, XXI/9 1975, S. 121.

Balthasar Staehelin, Haben und Sein. Zürich, 8. Aufl. 1972.

Balthasar Staehelin, Das Unzerstörbare in der Selbsterfahrung. In: Bewußtseinserweiterung durch Meditation. Freiburg, 1973, S. 56 ff.

Klaus Thomas, Meditation in Forschung und Erfahrung, in weltweiter Beobachtung und praktischer Anleitung. Stuttgart 1973.

Klemens Tilmann, Die Führung zur Meditation. Zürich, Einsiedeln, Köln, 3. Aufl. 1972.

Bhikkhu Vimalo, Die Übung in der rechten Bewußtheit. Praktische Übungsanweisungen für die Satipatthana-Meditation. Roseburg o. J.

Georg Volk, Entspannung – Sammlung – Meditation. Einübungen zur Erhaltung unserer Gesundheit. Mainz 1970.

Robert Keith Wallace, Die Physiologischen Wirkungen der Transzendentalen Meditation – Hinweise für

169

einen vierten Haupt-Bewußtseinszustand. Doktor-Dissertation. Los Angeles 1970. Übersetzt und veröffentlicht in Deutschland von SIMS.

Dr. Klaus Zernickow, Ein Leben für Zen. In: »Buddhistische Monatsblätter« XXI/9, 1976, S. 122–124.

Außerdem wurden für dieses Buch verwandt mündliche Äußerungen aus Gesprächen und Notizen aus Vorträgen von Vichitr Ratna Dhiravamsa, Karlfried Graf Dürckheim, Heinrich Dumoulin, Elisabeth Gätgens, Vilayat Inayat Khan, Em. Jungklausen, Hugo M. Enomiya-Lassalle, Kiichi Nagaya, Tarn Taran Singh, Karin Stegemann, Klemens Tilmann, François Viallet und Kurt Wiegering.

# Register

171